Enrico Cappelletti

CAPRAIA ISOLA
Leggende
Storie,
Racconti
di mare

... agli amici di Capraia ...

1. L'aereo con la svastica

L'8 settembre 1943 è la data dell'armistizio che l'Italia firmò con i russo anglo americani e fu la conseguente fine dell'Asse, l'alleanza militare con Germania e Giappone. Il Re, con Badoglio, capo del governo dopo la caduta di Mussolini, fugge in modo rocambolesco verso Ortona seguito da un codazzo di ministri e dignitari che si imbarcheranno tra urla, grida e schiamazzi a Ortona sul malandato Baionetta che navigando senza sapere dove andare si fermerà a Brindisi, porto non ancora sotto il controllo tedesco. La continuità del Regno avverrà per un certo periodo di tempo dalla città pugliese mentre nel resto del Paese si scatena la guerra partigiana, la guerra ai tedeschi e Mussolini, liberato dalla prigionia del Gran Sasso, fonda la Repubblica Sociale, schierandosi con Hitler. A causa della mancanza di ordini migliaia di militari, che avevano creduto alle improbabili parole di Badoglio, si trovarono di fronte l'ex alleato tedesco. Avvennero i primi episodi di resistenza contro i tedeschi (a Roma, a Cefalonia, a Corfù, in Corsica, nell'isola di Lero). Un periodo della storia mai completamente raccontato che ha ancora molti lati oscuri. La Marina Militare rimase fedele alla monarchia.

Le navi che si trovavano nelle acque sotto l'influenza tedesca, dovevano sfuggire immediatamente alla cattura dei nazisti, dirigendosi a sud per consegnarsi agli alleati a Malta come prevedevano i termini dell'armistizio. Questi gli ultimi ordini prima che Supermarina, il comando centrale a Roma, cessasse ogni tipo di trasmissione. Il grosso della flotta, ventidue navi da guerra, dopo l'affondamento della corazzata Roma nel golfo dell'Asinara, si diresse verso Bona, Tunisia, per essere presa in consegna dagli inglesi. Qualche altra nave, tra cui quelle che si fermarono per salvare i naufraghi della Roma, si diresse verso i porti neutrali delle Baleari dove furono internate ad eccezione di due navi che si auto ffondarono. Sull'isola di Capraia le comunicazioni con il resto del Paese avvenivano attraverso il cavo sottomarino che la collegava all'Elba. Il presidio militare, composto da 30 soldati di fanteria, da pochi marinai addetti al semaforo, da un pugno di carabinieri guidati da un maresciallo e da due finanzieri, era parte di un'area nevralgica dell'alto Tirreno, un triangolo inscritto dall'Elba, Corsica e dalla base militare di Spezia.

Da dove, dopo l'annuncio dell'armistizio diffuso l'8 settembre nel pomeriggio, lasciarono la rada in piena notte tutte le navi della flotta in grado di muovere. Dovevano sfuggire ai tedeschi che avevano già un piano pronto per impossessarsi della "Reale marina italiana" forte di corazzate nuove di pacca che mai avevano sparato

Marinai inglesi onorano con il saluto una nave da battaglia della Regia Marina all'arrivo a Malta

un colpo di cannone. Presero il mare dirette ad occidente della Corsica dove furono raggiunte dal resto della flotta partita da Genova. A Livorno tre motovedette non fecero in tempo a prendere il mare. Finirono in mano tedesca, come altre tre di base a Portoferraio e quattro, che in mare, finirono nelle maglie dei controlli tedeschi che pattugliavano attentamente lo spazio tra la costa e la Corsica.

Da Forte dei Marmi e da Bocca di Magra lasciarono gli ancoraggi otto motozattere di cui una ebbe un cruento scontro con i tedeschi. Gli Italiani furono sopraffatti, alcune motovedette all'altezza della Gorgona furono affondate, morì il comandante, l'ammiraglio Martinengo, e solo cinque di queste giunsero a Cala Mortola sotto gli occhi sbigottiti dei capraiesi, che non capivano perché la piccola flotta cercasse il più possibile di nascondersi all'interno della baia.

Il 10 mattina, all'alba, le motozattere misero la prua in direzione dell'Elba, ma all'orizzonte gli isolani scorsero subito dopo tre dragamine, due rimorchiatori ed un peschereccio armato, che dirigevano verso l'isola. Vi fu parecchia apprensione alla vista di quei mezzi, in particolar modo quando tutti gli equipaggi sbarcarono. Sull'isola i viveri erano scarsi, appena sufficienti per la popolazione.

In piena notte la situazione si aggravò ulteriormente perché rientrarono in porto le tre motozattere che avevano lasciato repentinamente l'ancoraggio della Mortola. Benché Mussolini fosse caduto il 25 luglio e si trovasse agli arresti sul Gran Sasso di fatto l'autorità dell'isola era ancora il Podestà che non sapeva esattamente come comportarsi. La confusione esistente tra gli uomini sbarcati, la popolazione che non sapeva chi ascoltare e il presidio militare toccò il suo apice quando inaspettatamente la mattina dopo fu ricevuto un fonogramma da Portoferraio con un ordine perentorio ma alquanto discutibile e incomprensibile: "Nessuna nave deve più raggiungere l'Elba". Si prevedeva che entro breve l'isola sarebbe caduta in mano tedesca ed i mezzi navali italiani avrebbero dovuto evitarla.

Benché a Capraia non regnasse il caos che c'era sulla terraferma, nessuno sapeva a questo punto cosa fare, né vi erano ordini precisi e ciascuno cercava di capire cosa poteva accadere da un momento all'altro. Erano momenti drammatici. Schierarsi con l'una o l'altra parte voleva dire la morte o la vita. Delle motozattere – la 778 e la 800 erano partite in precedenza per le Baleari -, la 742 era stata fatta incagliare, la 781 aveva un'avaria al timone e solo la 780 era in condizioni di navigare. Anche i dragamine erano in difficoltà: disponevano di poco carburante e avrebbero potuto fare poca strada. Dopo una concitata giornata, in cui le ore passarono tra discussioni di ogni tipo, alcuni marinai decisero di disincagliare la motozattera 742, in modo da poterla usare per dirigersi verso sud, come aveva ordinato Supermarina, con tutti coloro che desideravano raggiungere le basi della Marina.

I capraiesi non riuscivano ad afferrare l'atteggiamento di questi uomini, alcuni combattuti tra il desiderio di andarsene a casa e quello di tornare ad imbracciare le armi al fianco degli anglo americani.

Loro, sulla piccola isola, erano sempre stati sfiorati dagli eventi. Del fascismo, degli editti e dei proclami n'avevano sentito solo i racconti o letto le cronache ma non erano mai stati toccati veramente dalla dura realtà della dittatura.

Così fu anche per il primo periodo bellico. Sull'isola giungevano solo gli echi delle privazioni, dei bombardamenti, delle distruzioni e degli eccidi. Sull'isola non fu mai sparato un colpo di fucile in tutto il periodo bellico. Nonostante la sua posizione geografica, è sempre stata uno scoglio con pochi e inoffensivi abitanti, con nulla di interessante, e come in altri periodi della sua storia fu sempre lasciato in una sorta di stato d'abbandono.

Il 14 settembre alle 10 di sera la motozattera 780 lasciò l'isola diretta verso le Baleari al comando dell'aspirante guardiamarina Fabbiano con tutti coloro che avevano scelto di internarsi, possibilità "suggerita" dal comando marina, che aveva ordinato ove possibile di mettere in salvo uomini, armi e mezzi.

Due giorni dopo, il 16, un aereo cadde nei pressi del fanale creando allarmismo e panico. La 742 uscì dal porto con il notevole rischio di farsi scoprire e si precipitò verso il punto dell'affondamento traendo a bordo due uomini: pilota e navigatore.

Erano inglesi. L'unica persona in grado di poter parlare con loro era la zia di don Vasco, il parroco. Secondo i termini dell'armistizio, e per i marinai che li avevano tratti in salvo, i due aviatori avrebbero dovuto essere alleati ma essendo ancora il Podestà a comandare sull'isola e sul presidio militare i due dovevano considerarsi prigionieri. Era una situazione alquanto grottesca ma drammatica e instabile perché alla prima mossa i due gruppi di italiani si sarebbero presi a fucilate.

Il raggruppamento della Milizia, in mancanza di ordini precisi, era alleato dei tedeschi e si trovava di fronte altrettanti marinai, passati dalla parte anglo americana secondo quanto dichiarato dal nuovo governo Badoglio. A seconda delle vicissitudini, uno sarebbe caduto nelle mani dell'altro dopo uno straziante spargimento di sangue.L'eco dei bombardamenti che il vento portava fin dall'Elba ricordava che la guerra non era terminata ma ne era in atto un'altra altrettanto cruenta.

Il 17 il bollettino radio informò che l'Elba era caduta in mano tedesca. Le fazioni opposte presenti a Capraia non si mossero, sembrava quasi che si ignorassero. Il giorno seguente, giunse l'ordine di disarmare la 742, ancora in porto, con un equipaggio incerto sul da farsi, e di consegnare le armi ai Carabinieri. Si dava per scontato che anche Capraia sarebbe caduta in mano nazista e di conseguenza i mezzi dovevano essere resi inservibili. Giuseppe Candido, un nocchiero di 2° classe, decise che avrebbe lasciato nottetempo l'isola, diretto a sud, assieme a quanti volevano riunirsi al resto delle rimanenti forze della Marina Militare. Salirono a bordo della 742 anche i due ufficiali inglesi in grado di prestare il loro aiuto nella navigazione notturna. Candido, con i compagni d'avventura, raggiunse

Ponza due giorni dopo sano e salvo. Ai marinai rimasti a Capraia al comando del tenente Gigli si aggiunsero quelli dell'equipaggio di un peschereccio armato che si autoaffondò in porto, il cui comandate aveva ritenuto, non avendo altra scelta, che la sua missione dovesse avere fine in questo modo. Gigli, dalla sua, aveva l'apporto del maresciallo Arba dei Carabinieri, di don Vasco e del tenente Roma che aiutavano a tenere rapporti di buon vicinato con quelli della Milizia e con il Podestà ancora in carica.

" Ma quel relitto d'aereo fuori il fanale, appoggiato sul ciglio, era davvero inglese?" La domanda mi colse all'improvviso durante il racconto. Che fossero i resti di un velivolo militare si sapeva, lo raccontavano tutti. I vecchi ricordavano che era stato abbattuto, la storia asseriva il contrario, che fosse ammarato in seguito ai colpi della contraerea e che fosse inglese. Nessuno però ricordava dove fosse caduto o ammarato con certezza. Il relitto dell'aereo fu scoperto poco dopo che il centro immersioni di Capraia aprì i battenti. I pescatori locali perdevano spesso e volentieri le reti. Il relitto ne era avvolto, una massa oscura, appoggiata contro la parete che da una ventina di metri di profondità scende oltre i trenta, trentacinque con un primo balzo per poi raggiungere successivamente i sessanta, settanta. L'aereo di Capraia divenne presto famoso. Era uno dei primi rari relitti a quote facilmente raggiungibili per lo più di un aereo militare. I subacquei arrivavano a frotte per visitarlo, toccarlo, andare a vedere quella massa di reti che si muovevano nella corrente come fili di un grosso gomitolo. Spuntava solo la parte posteriore della fusoliera ed i piani di coda, un intreccio di metallo che nulla lasciava all'immaginazione. Niente di più.

Tagliare quelle spesse reti sarebbe stata un'impresa faticosa. I subacquei sono curiosi per loro natura e così in un paio di stagioni, pian piano, le reti furono tagliate ed il relitto ripulito. Furono dedicate intere giornate al solo scopo di pulirlo.

Si usciva di prima mattina e coltello alla mano si cercava di fare il possibile per togliere quell'ammasso che il mare aveva irrigidito, composto di cime e tiranti che spesso i coltelli non riuscivano a tranciare. Una mano la fornivano anche i subacquei che a rotazione si immergevano per una visita. Ognuno toglieva un brandello finché un giorno fu quasi completamente libero. La fusoliera, fino al posto di guida, era simile ad una lunga gabbia dalle sbarre rade che avevano assunto un colore violaceo. Piccole spugne rosse e gialle vi erano aggrappate, mentre due giganteschi scorfani rossi avevano dichiarato che quella fosse la loro residenza. Ma non erano gli unici abitanti di quella struttura futurista: c'era una murena che abitava tra i ferri contorti che aderivano al fondo, un gruppo di corvine che entrava ed usciva da quella che somigliava ad una gabbia, radunandosi all'interno solo quando un visitatore si avvicinava troppo. Non era più la carcassa del velivolo ad interessare, ma gli abitanti che l'avevano colonizzata, mille piccole

Tranne la fusoliera, a sinistra, la gran parte del relitto è nascosto dalle concrezioni

11

specie, minute, coloratissime, che avevano issato le proprie costruzioni su ogni frammento e decine di pesci di specie diverse.

L'avevano resa simile ad un quadro. Un'attrazione che richiamò all'inizio una quantità considerevole si appassionati che si può ben dire veniva apposta per godersi quello spettacolo. L'aereo, ad ala bassa, un modello costruito anni prima della guerra doveva essere stato ricoperto di tela con le ali rivestite solo parzialmente di alluminio. Lo si sentiva resistere, in alcuni punti, sotto la punta del coltello specie nei pressi del posto di guida dove inservienti e piloti dovevano per forza salire per rifornimenti e controlli. L'angusto posto di pilotaggio era particolarmente integro. Pochi gli strumenti sul cruscotto tra cui una bussola a bolla. La cloche di comando, una specie di leva verticale, era infissa sul pavimento agganciata a snodi e rinvii che si vedevano correre nella fusoliera verso i piani di coda. Il seggiolino metallico aveva perso la sua imbottitura ed era privo di paracadute, segno che il pilota era sceso tirandoselo dietro, unito com'era alla sua tuta di volo.

Fin dalla sua scoperta, pensammo che il velivolo fosse appartenuto alla categoria dei ricognitori pur essendo armato di una mitragliatrice brandeggiabile posta alle spalle del pilota. Usata in caso di necessità dal secondo a bordo, l'osservatore, spesso navigatore, che si trasformava in mitragliere. Il suo posto era altrettanto angusto e con i medesimi comandi, oramai scheletrico come tutto il resto di quella parte del velivolo. I piani di coda, ed il timone, erano l'unica cosa che evidenziava come il rottame fosse stato a suo tempo un velivolo. Non vi erano numeri o insegne né stemmi o bandiere. Sotto una grossa spugna nella parte terminale della coda, nel punto in cui la struttura si unisce in un cono irregolare, scoprimmo una bussola in bronzo e la luce stroboscopia bianca. In effetti, solo molto più tardi capimmo che la bussola era una girobussola * strumento utile per la navigazione aerea. Non c'erano frammenti di carrello, di elica e la parte anteriore del velivolo ali comprese rimase avvolto dalle reti ancora per lungo tempo.

Era di conseguenza molto complesso capire che modello fosse e risalire così alla nazionalità. Le ricerche storiche non portarono a nulla, perché sapere che la struttura metallica fosse ricoperta di tela non era di certo un indizio. Prima della seconda guerra mondiale moltissimi erano i tipi di velivoli che adottavano questa sistema. Non disponevamo di un profilo del velivolo, impossibile da ricavare da quella massa informe di ferraglia, né avevamo una targhetta,

Cabina di guida del velivolo che ha il muso schiacciato. All'interno ancora una parte della strumentazione

un numero di serie, una qualunque informazione che potesse permettere un'individuazione certa. Immersione dopo immersione, un pezzo di rete dopo l'altro fu messo tutto allo scoperto. Un'impresa cui si univano sempre volonterosi subacquei in vacanza attratti dal fascino di poter scoprire qualcosa di quel relitto sconosciuto. Poi, finalmente, una bella mattina nel tagliare uno dei molti groppi nodosi nei pressi della fusoliera, all'altezza dell'attacco alare, su una striscia di metallo venne fuori un angolo bianco. In quel punto, dove la copertura alare di tela diventa di metallo era rimasto un tratto dell'emblema che indicava l'appartenenza del velivolo. Lo spigolo era netto, lungo una decina di centimetri, sufficiente a far capire che quel disegno bianco era una parte della svastica nazista. Il velivolo era tedesco, non inglese, come asserivano quei pochi che vagamente ricordavano quanto era accaduto. Sorse però un dubbio: la zia del parroco parlava l'inglese e su questo non si poteva porre nessun dubbio. Fu lei ad essere l'interprete fra i due ufficiali e gli uomini della Milizia ed i marinai. Difficile pensare che vi sia stata confusione tra il tedesco e l'inglese, lingua, la prima, se non altro che tutti erano abituati a sentire, visto che l'Italia aveva avuto come alleato la Germania nazista e che le truppe tedesche erano presenti ovunque. Non era quindi possibile che una simile testimonianza storica fosse errata a tal punto da scambiare una lingua per l'altra. Di conseguenza il velivolo tedesco non era quello che cadde nei pressi del *fanale*, ma probabilmente un altro. Così dopo aver dato sfogo ad un numero illimitato di congetture, come di solito fanno i subacquei, fummo propensi nel credere che il relitto del velivolo, avvolto in fitte reti, era stato trascinato in quel punto da un peschereccio che probabilmente lo aveva imbrigliato chissà dove. Non riuscendone a liberarsene se lo tirò dietro fino al ciglio davanti al porto, prima di tagliare le reti, lasciandolo cadere nella posizione dove era stato trovato.

E questo sarebbe potuto accadere in anni abbastanza recenti. Ma allora, il relitto dell'aereo inglese dove sarebbe? Si può fare una probabile ipotesi.

Del motopeschereccio armato, che si auto affondò nella rada portuale, non vi è traccia. Subito dopo il termine della guerra, ditte specializzate con l'ausilio di palombari raccoglievano tutti i relitti navali su cui riuscivano a mettere le mani. Un po' per pulire le vie d'accesso ai porti, un po' perché il ferro era un materiale prezioso facilmente rivendibile. Quel motopeschereccio armato in una decina di metri di profondità, così come altre carcasse che vi potevano essere, probabilmente fu recuperato dai palombari di qualche compagnia toscana. E con quello raccolsero anche il velivolo inglese che le testimonianze affermavano essere ammarato nei pressi del fanale. Di sicuro l'aereo tedesco non cadde a ridosso del ciglio nei pressi del porto. Il suo muso rincagnato e accartocciato dimostrava che aveva sbattuto pesantemente con la parte prodiera sull'acqua disintegrando elica e ogiva, parte della cappotta e distrutto il pesante motore. Se fosse veramente caduto in quel punto avremmo rintracciato resti sparsi ovunque. Scandagliammo palmo a palmo l'area, di fianco e più in basso, fino a sessanta metri di profondità, dove l'acqua è ancora più cristallina del solito ed il fondo è di sabbia chiara. La convinzione che quel velivolo fosse caduto altrove ci venne quando Andrea Ghisotti, dopo una lunga ricerca, riuscì a chiarire che il relitto era un ricognitore tedesco anfibio, un Arado 106, velivolo di solito imbarcato sulle grandi navi da battaglia. Se fosse caduto in quel punto, i due galleggianti si troverebbero da qualche parte lì intorno. Al contrario non li trovammo mai.

Come di solito accade, con l'andar del tempo, fu saccheggiato. Sparì per prima cosa la strumentazione sul cruscotto. Poi la bellissima girobussola di coda e la lampada stroboscopica. Pian piano il modesto relitto perse il suo fascino e solo la parte centrale della struttura è rimasta sempre più incrostata a far da casa agli animali marini.

Nota
Una girobussola è un particolare tipo di bussola, ovvero un sistema di navigazione per trovare una direzione fissata, non basato sul campo magnetico terrestre, ma sulle proprietà giroscopiche.
Questo sistema, rispetto alla bussola magnetica, ha il vantaggio di indicare ilnord geografico (invece del polo nord magnetico) e di essere insensibile ai disturbiprodotti da campi magnetici perturbanti, mentre come svantaggio richiede la pr esenza di un motore per mettere e mantenere in rotazione un

rotore. Viene usatprincipalmente su navi ed aerei insieme ad altri sistemi di navigazione.

SPECIFICHE TECNICHE
Arado Ar 196A-3 idrovolante biposto
Larghezza 12,4 m.; lunghezza 11 m.; altezza 4,45 m.
Motore: BMW 132K nove cilindri raffreddato ad aria - 960 hp al decollo- 820 hp a 3280 piedi
Armamento: 2 cannoncini MG FF, una mitraglia MG 17 cal.7,9 mm fisse - una mitraglia brandeggiabile MG 15 cal. 7,9 mm - 2 bombe SC 50 da 110 libbre sotto le ali
Velocità massima 194 m.p.h. a 3280 piedi
Velocità di crociera 166 m.p.h.
Salita: 1358 piedi/minuto
Massima quota: 22.965 piedi
Autonomia: 497 miglia
Peso a vuoto 2,990 chilogrammi

Esemplari prodotti:
1938: Arado (Warnemünde), 10
1939: Arado (Warnemünde), 40
1940: Arado (Warnemünde), 98

1941: Arado (Warnemünde), 97
1942: Arado (Warnemünde), 94; S.N.C.A. (St. Nazaire, Francia), 13
1943: Arado (Warnemünde), 83; S.N.C.A. (St. Nazaire, Francia), 10; Fokker
(Amsterdam), 11
1944: Arado (Warnemünde), 22; Fokker (Amsterdam), 58

Gruppi aerei presso cui era in uso:
-Bordfliegergruppe 196
-Küstenfliegergruppe 706
-Seeaufklärungsgruppe 125
-Seeaufklärungsgruppe 126
-Seeaufklärungsgruppe 130
-Seeaufklärungsgruppe 131
-III./KG100
-1. and 3./KG200

Esemplari preservati:
Museo Marittimo di Varna (Bulgaria)- Smithsonian Institution Washington
D.C. - Willow Grove Naval Station in Pennsylvania, Usa.

CAPRAIA ISOLA

2. Ancore e ancorotti

Profondità tre metri in un punto imprecisato della Secca delle Formiche. L'acqua cristallina lascia vedere fino all'orizzonte solo posidonie. Risalendo dai trenta metri della china, a nord est degli scogli affioranti, una trappola mortale della navigazione antica, per trascorrere alcuni minuti ad una quota considerata di sicurezza e smaltire gli eccessi accumulati della profondità, questo era il punto dove di solito finivo.

Poi avrei, una volta che il motore dell'imbarcazione si fosse messo a rombare, nuotato poche decine di metri verso il largo per farmi raccogliere. La scoperta avvenne così. Le posidonie ondeggianti, una vera lussureggiante prateria, ricoprivano il fondale a vista d'occhio aprendosi ogni tanto per formare

Mosaico raffigurante un marinaio con un'ancora di tipo ammiragliato

chiazze dove emergevano scogli, pietre e sabbia. Fu uno di questi ad attrarre la mia attenzione. Non c'era che una pietra piatta, grigio argento ricoperta di piccole spugne rosse. Se fossi passato oltre non avrei notato un lungo ferro corroso che spuntava dall'erba per appoggiare la sua parte terminale sbeccata sulla pietra. Tastai il ferro: era consistente, screpolato, quasi sfogliato ma più sotto dove spariva tra le radici delle piante era più grosso e poroso. Questo tipo di metallo, quando giace per molto tempo sott'acqua assume proprio quest'aspetto, provocato dall'azione chimica dell'acqua di mare e dalla mancanza di protezione anodica. Ingrossa, si gonfia, cambiando la forma originale, e la deforma a tal punto che l'originale si consuma lasciando al suo posto il vuoto.

Tant'è che, quando gli archeologi trovano queste forme deformi, per ricostruire l'oggetto colano all'interno del gesso che immediatamente restituisce la forma originale dell'oggetto. Ovviamente questo tipo di ossidazione avviene con maggiore lentezza su materiale ferroso molto compatto, quale potrebbe essere l'asta di un'ancora mentre su parti metalliche più piccole, come ad esempio un chiodo, l'aggressione chimica è in grado di renderlo irriconoscibile e con il tempo di sgretolarlo. A meno che l'oggetto in questione non sia rimasto sotto la sabbia o il fango per lungo tempo protetto dall'ossidazione, rallentando così il processo di decomposizione per mantenerlo in buone condizioni anche dopo secoli senza particolari deformazioni.

Che quel pezzo di ferro fosse stato esposto da molto lo dimostrava lo sfogliamento superficiale, tipico tra l'altro del ferro, ma dimostrava anche che per lunghissimo tempo era rimasto sotto la sabbia ben protetto dall'ossidazione. Infilando una mano tra le radici si sentiva il gambo proseguire per una certa estensione. Apparentemente quel tozzo tubo metallico avrebbe potuto essere qualunque cosa sbattuta lì dal mare ma qualcosa mi diceva che avrei dovuto insistere nel cercare di capire cosa in effetti fosse stato. Fu necessaria una seconda immersione solo per ripulire dall'alga la zona circostante e con grande sorpresa scoprimmo che la pietra, che fungeva da appoggio a quel pezzo di metallo, era per gran parte sotto la sabbia. Lentamente, e non in una sola volta, la sabbia fu asportata, le alghe estirpate fino a ripulire l'intera area. Apparvero tre grosse ancore in ferro dalle aste sottili e lunghe appoggiate l'una all'altra come tre dita allargate. Lo stato di conservazione era buono, mancavano gli occhielli terminali dove legare la fune ma per il resto c'era tutto. Non solo erano unite tra loro ma aderivano fortemente alla pietra e tentare di staccarle avrebbe significato sgretolare il metallo e fare un danno irreparabile. Le lasciammo così per qualche tempo fin tanto che l'architetto non fosse stato in grado di stabilire una datazione approssimativa. La forma ricordava vagamente un ammiragliato. Il fuso era liscio, apparentemente tondo della lunghezza di circa un metro. Nella parte superiore non aveva la cosiddetta cicala

Una delle ancore metalliche che ricordano nella forma una moderna ammiraglia

quel foro dove viene inserito l'anello su cui si fissa la cima. Forse la corrosione l'aveva cancellato o forse era già rotta quando cadde in mare tanto che una di queste aveva la parte terminale come se fosse stata sbeccata. Né vi era segno di un ceppo, quella parte che nelle ancore ammiraglio si sposta per poter riporre l'ancora. Le marre erano larghe e piatte, arrotondate come nelle moderne ancore, prive però dell' unghia, la parte terminale. Nonostante gli esami più attenti, queste due parti terminali proprio non dovevano esserci in origine e ciò destava sospetti perché avrebbe significato che quei tre strumenti risalivano ad un tempo remoto. Si conoscono ancore d'epoca romana in ferro, apparse all'incirca nel periodo tardo, attrezzi che non soppiantarono completamente l'uso delle ancora in pietra o quelle in piombo con ceppo mobile. Solo in un periodo più prossimo a noi l'ancora in ferro è utilizzata a pieno, benché nei relitti di epoca bizantina – come ad esempio il relitto normanno di San Vito Lo Capo (XII sec) - si trovino spesso ancore in pietra. Il ferro era un materiale costoso ed investire un mucchio di quattrini in un'ancora voleva dire fare una sorta di investimento per la propria sicurezza che valeva la pena solo se l'imbarcazione aveva un certo valore commerciale. Spesso le navi avevano a bordo ancore di ferro, la principale, ed ancore più primitive in pietra, da usare per le emergenze. Dare una datazione alle nostre ancore era in pratica impossibile. Avrebbero potuto essere, come si è detto, tardo romane, oppure medioevali ma anche moderne, modernissime, del secolo scorso, costruite con materiale di scarsa qualità. Un'ancora, anche nei tempi passati, uno degli attrezzi fondamentali di un'imbarcazione, non era costruita a caso. Il peso, la lunghezza, l'ampiezza delle marre era tenuto in considerazione sulla base dell'esperienza, e solo più tardi con calcoli matematici, si dimostrò che per trattenere un ben determinato carico che esisteva un rapporto tra stazza dell'imbarcazione e la sua ancora. Questo ci fece escludere l'epoca attuale, la nostra o il secolo scorso, quando bene o male un naufragio di una certa consistenza sarebbe stato trascritto e passato alla storia. In fin dei conti l'isola aveva avuto una vita complessa e difficile, governata da pisani e genovesi, per brevi periodi da corsi e inglesi, poi sotto il Regno di Sardegna. Se fosse avvenuto un naufragio, vi sarebbe memoria.

Non rimaneva altro che pensare che quelle tre ancore fossero appartenute ad un vascello di piccolo cabotaggio che aveva infilato la prua nei denti aguzzi della secca per finire sbriciolata sui modesti fondali. Ciò che aveva maggior peso è rimasto dove è caduto, il resto, il mare lo ha fatto rotolare altrove, lontano, per ridurlo a frammenti invisibili. Tutt'attorno alla secca non fu mai rinvenuto un frammento se non molto lontano quando la profondità dell'acqua aumenta e l'influsso altalenante delle onde non spazza di continuo il fondo. Ci sono giorni in cui la corrente è così forte in quel punto che si formano gorghi che solo le posidonie resistono alla forza dell'acqua che si infila con violenza tra gli scogli che fanno da barriera. Non ci si poteva aspettare di trovare nessuna altra indicazione e con molta probabilità quelle tre ancore si erano salvate dalla completa distruzione solo perché per un tempo incalcolabile erano rimaste ben nascoste sotto uno spesso strato di sabbia. Per uno strano gioco, il mare le aveva riscoperte ed ora stavano lì alla luce del sole stese su una pietra

Ancora in pietra di forma trinagolare

23

grigia dai riflessi argentei. Angelo le volle vedere. Fremeva dalla
curiosità ed il suo parere era importante per poterle in qualche modo
classificare. Così una mattina di quelle in cui la superficie marina è
simile alla superficie di un lago andammo sul punto e l'architetto,
con l'uso di uno specchio *, fu in grado di vedere le sue ancore ben
defilate sulla pietra grigia. "Solleviamo la pietra con tutto il resto"
suggerì. La pietra sulle prime sembrava un grande sasso piatto
appoggiato sulla sabbia. Avremmo potuto imbracarlo con dei palloni
da sollevamento, sollevarlo e poi trainarlo in porto dove una gru lo
avrebbe deposto sul molo. Avvolgemmo il sasso con spesse cime
che finirono per passare in un grosso anello. A questo furono
agganciati un paio di palloni da sollevamento che scoprimmo non
avevano sufficiente forza di trazione, troppo vicini alla superficie.
L'operazione fu ripetuta più volte fin tanto che a furia di accorciare
le funi i palloni gonfi d'aria cominciarono ad entrare in tensione ed

Ancora in pietra tonda con foro al centro

agire verso l'alto. Armeggiammo tre, quattro giorni con il mare completamente calmo. La pietra non si muoveva, non cedeva di un solo millimetro. Se ne stava lì immobile e non avrebbe mai ceduto il suo bottino. Con mazzuole e lunghi scalpelli provammo anche ad incidere la base ma il tentativo fu vano. Un lavoro a dire poco faticoso, difficile che ci fece capire che quella pietra era solo la parte superiore di una grande masso affondato nella sabbia. Il primo avviso di grecale arrivò con una folata rasente che fece rabbrividire la superficie del mare come pelle. Si formarono all'inizio piccole grinze poi il vento impetuoso con colpi improvvisi monta fino a divenire teso ed ossessivo. Era il momento di mollare. Imbarcare tutto quanto era stato portato sott'acqua e di tornare in banchina. Angelo non aveva avuto il suo trofeo, noi la nostra soddisfazione. Le tre ancore, di fattura ed epoca sconosciuta rimasero dov'erano sempre state. Anni dopo cercai di localizzare quel posto. Fu impossibile ritrovarlo benché sapessi esattamente a quanti metri si trovavano dallo scoglio più grande della secca. Meglio così. Se le avessimo recuperate ora sarebbero completamente distrutte in fondo a qualche magazzino. Molto meglio che se le sia tenute il mare che le conserverà chissà per quanto tempo ancora.

* Specchio
Cilindro di legno o metallo con il fondo di vetro che poggiato sulla superficie del mare permette di vederne il fondo come se l'osservazione avvenisse indossando una maschera

Nota
Ancora, dispositivo impiegato per l'ormeggio di navi, imbarcazioni e galleggianti. L'ancora è conformata in modo da fare presa sul fondo e trattenere così il natante a essa collegato per mezzo di un cavo o di una catena: gettare, calare l'ancora, dar fondo all'ancora, affondarla, ormeggiare; levare, salpare l'ancora, partire; stare sull'ancora, all'ancora, essere ancorato; distendere un'ancora, affondarla in un punto stabilito per mezzo di un'imbarcazione, mettendo quindi in

tensione l'ormeggio della nave. Strutturalmente le ancore sono formate da un'asta centrale (fuso) munita a una estremità di un anello (cicala), nel quale è fissato il cavo o la catena, e all'altra di due o più bracci (marre) che formano un certo angolo con l'asta. Il punto di unione fra marre e asta è detto diamante; poco al di sotto dell'anello si trova, spesso, un'asta (ceppo) in posizione normale rispetto alle marre, che permette di far poggiare almeno una delle marre verticalmente, allo scopo di far presa sul fondo. Il ceppo, di legno o di ferro, può essere fisso oppure mobile; in questo secondo caso può scorrere lungo il fuso facilitando così lo stivaggio dell'ancora stessa. L'estremità delle marre (patta) è spesso appiattita e termina sempre a punta (unghia); le marre possono essere anche snodate. Le ancore si distinguono generalmente in ancore di posta (o di servizio), ancore di speranza, e ancore per imbarcazioni minori. Le ancore di posta sono sistemate a prora delle navi in modo che a esse si possa dar fondo celermente; le ancore di speranza sono invece disposte in coperta così da poter essere impiegate in caso di necessità. Le ancore per imbarcazioni minori assumono denominazioni diverse (ancorotto, grappino, ancora Danforth, ancora Northill). Un tipo molto diffuso di ancora è quello detto "Ammiragliato", munito di ceppo mobile. Le prime ancore erano probabilmente costituite da pietre imbracate con sagole di fibra vegetale o di pelle, assicurate a una cima. Successivamente le pietre, lavorate in forma regolare, furono munite di fori nei quali far scorrere l'estremità della cima, mentre all'estremità inferiore venivano praticati fori atti a trattenere marre, di legno o di pietra, per far presa sul fondo.

3. Anello o bracciale

"Guardalo bene, prima di dire stupidaggini. Non lo vedi che ha una specie di testa che si ricongiunge con un'altra di forma arrotondata" cercai di spiegargli, mentre riprendevo tra le mani quello che apparentemente sembrava un bracciale di metallo.

Mi guardò sorridendo passandosi una mano sul viso per togliere l'acqua che sgocciolava dai capelli.

"È un anello, forse parte di un'attrezzatura di bordo, niente di più. Ma che ti sei messo in testa". Neppure di fronte all'evidenza riusciva a capire che non stavo fantasticando. Il metallo, duro e pulito, brillava al tenue sole settembrino oramai basso sull'orizzonte. Liscio nella parte interna come se avesse subito uno sfregamento continuo, più consunto e segnato da incisioni irregolari nella parte, più ricurva, esterna. Il disegno circolare non era regolare, ma leggermente schiacciato, come se la forma originale avesse subito un forte colpo che l'aveva piegato. Doveva essere stata una bella botta per deformare quel metallo che ferro di certo non era per la mancanza di qualunque tipo di corrosione tipica di questo materiale. L'ideale cerchio originale terminava con due specie di teste, una più schiacciata dell'altra, una più tonda dell'altra, quasi a sembrare un ideale serpente.

Osservandolo attentamente, solo da un lato, dove le due teste con la loro sporgenza avevano protetto quella parte di metallo, rimanevano due modesti semicerchi rivolti verso l'interno: una sorta di decorazione che il tempo, con l'uso, aveva consumato. Provai, prendendolo con due mani, ad allargarlo.

Malgrado la forza che mettessi il metallo non cedeva.

"Adesso dimmi che quello era un bracciale. Chi poteva avere un polso simile?"

"Il mio, ad esempio" replicai tirando indietro il manicotto della muta stagna. "Nel mio ci starebbe, anche se un po' stretto. Forse il polso o la caviglia di qualche ragazza".

Sandro come il solito mi prendeva per i fondelli. La mia passione per i ritrovamenti marini, e lo sapeva, ogni tanto mi faceva stravedere e spesso prendevo lucciole per lanterne. In questo caso era impossibile sbagliare. Anche un cieco avrebbe potuto osservare che tra le mani avevo un modesto bracciale di metallo, una volta decorato, consunto dall'uso, proveniente da chissà quale costa mediterranea, appartenuto a chissà chi. Se la parte interna dell'oggetto era consunta dall'uso, e questo identificava uno sfregamento continuo, quello che non riuscivo a capire, sfiorando con i polpastrelli la parte superiore, erano quelle brevi incisioni irregolari, come sfregi, che lo segnavano. Estrassi il massiccio coltello seghettato dalla guaina, e seduto sul pagliolo della barca che volava verso l'entrata del porto, provai ad incidere il metallo. Nulla da fare. La lama pur grossa ed affilata non faceva neppure un graffio su quel metallo opaco e molto consistente. Neppure un'accurata indagine eseguita a terra con lenti d'ingrandimento diede alcun risultato se non rivelare che dentro alle incisioni più profonde vi era rimasto del residuo di fondale marino, poca cosa per venire a capo della provenienza di questo sconosciuto oggetto. Nonostante le derisioni dei miei compagni d'avventura e le discussioni da bar, ero convinto che quell'oggetto provenisse dalle coste africane finito in fondo al mare da un'imbarcazione saracena, forse turca o algerina che aveva a bordo schiavi messi sui banchi dei remi fino alla fine della loro vita. L'oggetto era stato pescato in modo curioso e di certo non semplice assieme ad altri simili ma di differente forma.

Quando si lascia la rada del porto e si dirige la prua verso la costa della penisola, il fondo, sabbioso e pianeggiante, tende a scendere leggermente fino ad una profondità attorno ai trenta metri.In questo punto una serie di piccole e grandi rocce formano una sorta di spigolo, che delimita il piano dal versante verso il mare aperto che scende molto rapidamente con due balzi fino ed oltre i sessanta metri. Fu proprio seguendo questo spigolo roccioso, spezzettato e irregolare, che forma ampie sacche di sabbia bianca, che scorsi qualcosa di scuro spuntare da una sotto un grande masso chiaro. Un insignificante striscia di metallo si piegò sotto le dita come fosse carta. Per fortuna o sfortuna la mia curiosità mi spinse a togliere i sassi più piccoli ed a mettere in luce quello che vi era sotto. Raccolsi un grosso piombo da pesca con un nailon ancora legato all'anello, zavorra piuttosto pesante che qualche pescatore d'altura aveva perso. Ma c'era qualcosa d'altro lì sotto che spuntava o forse

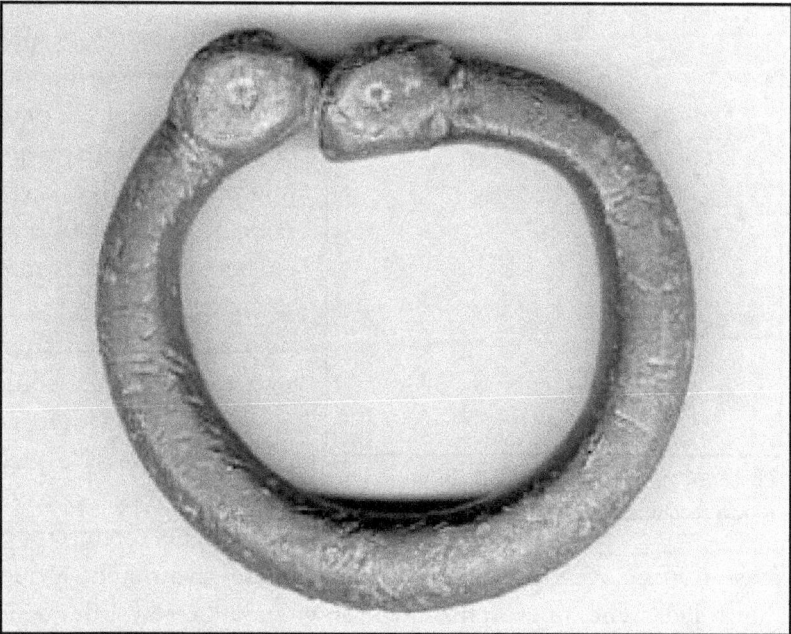

L'anello come ritrovato, scalfitto, in metallo duro. Grandezza naturale

come spesso capita è solo l'immaginazione a fare brutti scherzi. Tornai un'altra volta, ed un'altra ancora, fino a moltiplicare le visite in maniera quasi maniacale. Dovevo sempre attendere che la barca portasse gli escursionisti nei paraggi perché quell'immersione in un tratto di pianoro desolato non aveva gran senso per chi era venuto apposta a vedere qualcosa di più interessante. Lentamente scavavo con l'uso di picchetti di legno, sollevando quello che potevo finché un bel giorno qualcosa di scuro emerse dall'ultimo velo di sabbia che lo ricopriva. Non era molto grande, ma era ricurvo e questo mi incuriosiva. Perfettamente tondo e del diametro di due mani aperte che si congiungono, dello spessore di un dito o forse più, aveva un altro anello, più piccolo, saldato sulla circonferenza. Molto pesante e consistente era sicuramente, sia dal colore che dal peso e dalla mancanza di incrostazioni, di piombo. Lungo la circonferenza aveva un taglio, come se da quel punto fosse possibile far passare qualcosa che dovesse stare all'interno del cerchio. Cosa

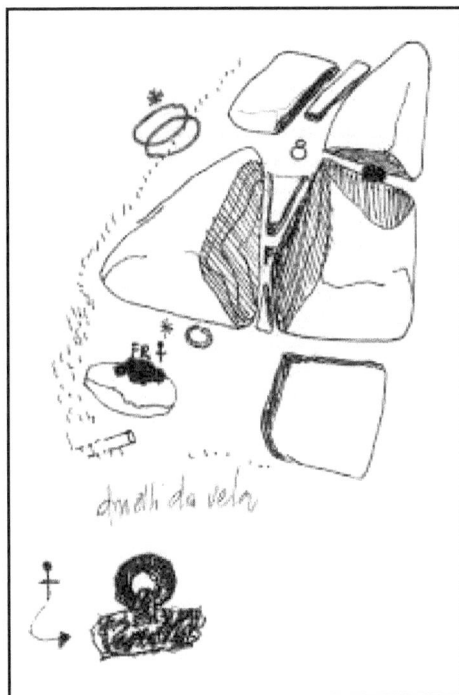

Posizione degli oggetti individuati sul fondo racchiusi tra grossi massi

fosse non ne avevo idea e neppure mi interessava perché a quel punto l'idea che mi ero fatto è che se vi era la presenza di quello strano oggetto in quel punto significava che ve ne potevano essere altri. Il problema era che a parte l'impossibilità di sollevare pietre molto grandi la profondità della sabbia nelle buche era di notevole spessore ed era impossibile toglierla con le mani.

Era necessaria una piccola sorbona. Collegata con un manicotto ad una bombola, aspiravo per i pochi minuti di autonomia che disponevo un modesto spazio cercando di andare sempre più in profondità. Poi una bombola non fu più sufficiente e me ne portai dietro due fino ad arrivare ad un massimo di sei. Un lavoro improbo, pesante, ingombrante dal momento che, solo, dovevo scendere e poi risalire con tutto quel materiale tra lo stupore degli escursionisti che non capivano cosa andassi a fare in fondo al mare con tutta quella roba.

Aprii quella sorta di buco, lo allargai, arrivai fino ad una buona profondità, al punto in cui lo zoccolo roccioso era uniforme. Vennero alla luce solo tre anelli: uno molto grande e due più piccoli; sempre della medesima forma. Sicuramente erano parte dell'armamento di una nave naufragata secoli prima. Ma non vi era traccia neppure esaminando la china sottostante. Forse la nave non aveva fatto naufragio ma queste parti dell'armamento, che non sapevo dove collocare, erano semplicemente scivolate di mano e finite sulla sabbia. A quote, per quegli antichi marinai, irraggiungibili. Quello che era davvero strano fu il quarto anello che rinvenni solo successivamente pochi metri da dove avevo trovato gli altri tre. Era incastrato tra due grosse pietre che formavano una strettissima gola ed era celato alla vista da piccoli sassi che la corrente probabilmente vi aveva fatto rotolare sopra. Per colore e consistenza sulle prime non gli diedi importanza particolare, poi mi accorsi una volta fuori dall'acqua, che non aveva nulla da spartire con gli altri tre. Perché erano così vicini gli uni agli altri? Pura coincidenza. In mare è tutto possibile e spesso non c'è logica negli accadimenti. Sta di fatto che sul tavolo del minuscolo laboratorio dell'architetto vi erano tre anelli di piombo, e lo si vedeva bene, ed uno, con un velo di incrostazioni marine, di forma diversa. Su quel ciglio a trenta metri di profondità il movimento delle onde di superficie, quando il mare è davvero mosso si avverte. C'è anche una corrente costante, spesso molto sensibile. Di conseguenza, se una nave fosse naufragata proprio in quel punto le correnti l'avrebbero dissolta, lasciando in situ le parti ferrose, ammesso che ve ne fossero, sicuramente la zavorra o la parte di carico più consistente. In questo caso qualcuno prima di me o di noi ci si sarebbe certamente imbattuto. Ma nei dintorni, per un largo raggio, come detto, non vi era alcuna traccia particolare. Questo piccolo giallo aveva un'unica soluzione: quegli oggetti erano scivolati di mano a qualche marinaio, e per via della differente struttura, in epoche addirittura diverse. Rimaneva da risolvere il mistero di cosa rappresentassero.

Khayr ad-Din detto Barbarossa temuto pirata barbaresco

Scartabellando in libri di marineria greco romana, rifacendosi a strutture precedentemente ritrovate e studiate dagli archeologi scoprimmo che forse quegli anelli erano utilizzati per un uso molto particolare. La vela, in momenti particolari della navigazione, ha la necessità di essere regolata in modo che la superficie sia diminuita. Sui grandi bastimenti a vela, quando si vedono gli uomini salire sui pennoni – oramai solo nei film – e stare in equilibrio mentre raccolgono all'unisono la tela, non fanno altro che accorciare la superficie velica in base ad una necessità di navigazione dovuta al mare od al vento. Stanno terzarolando la vela, termine marinaresco ben preciso. Se vi capita di osservare delle imbarcazioni a vela, magari non proprio recenti, vedrete che sulla parte più bassa della vela pendono da un lato e dall'altro dei brevi pezzi di cima, cuciti nella vela stessa. Su questo tipo di barche, i matafioni, questo è il termine marinaro di queste cimette, servono a stringere al boma la vela in modo che la superficie esposta al vento diminuisca. Nelle navi antiche tutti questi meccanismi non erano conosciuti. I marinai ci arrivarono con il tempo a metterli in atto. Però gli antichi viaggiatori del mare avevano capito che in determinate situazione la navigazione richiedeva che la quantità di vela vento dovesse essere ridotta. Semplicemente attaccavano nella parte più bassa della vela anelli di ferro o chissà forse anche di piombo, come questi, per tenderla verso il basso in modo che la superficie offerta al vento diminuisse.

Gli anelli avevano questa funzione ma ne potevano avere anche un'altra per via di quel taglio lungo la circonferenza. Se si hanno due cime attorcigliate è più facile sbrogliarle infilandovi un anello come questo che scorrendo le divide. L'uso poteva essere quindi duplice e gli attrezzi durante un uso non proprio attento sfuggirono di mano e finirono in acqua. Rimaneva, in ogni modo, il fatto che quell'altro non fosse utilizzabile per manovrare una vela o per disincastrare delle cime. Troppo leggero e piccolo e troppo dissimile dagli altri tre. Ed allora che poteva essere? Un bracciale da polso o da caviglia, di povera fattura, di metallo neppure nobile, seppur di un certo pregio, bloccato a polso o caviglia di chi lo indossava. Anni dopo, viaggiando lungo le coste del Mar Rosso rividi quei bracciali. E li rividi anche in Libia, quando per un inconsueto lavoro ebbi l'opportunità di trovarmi a Tripoli e dintorni all'inizio degli anni '70.

Donne e ragazzine indossavano quel tipo di bracciale, in argento, spesso e volentieri cavo all'interno, più leggero da indossare. Ma coloro che non potevano permettersi un oggetto molto elaborato avrebbero usato un anello come quello ritrovato in fondo al mare. Lo stesso tipo di oggetto lo rividi anche sulle coste del Mar Rosso, in Sudan, o nel Basso Egitto, indossato dai maschi in età giovane e ricordo di averne acquistati anche un paio che poi sono andati regolarmente perduti. Individuare l'epoca e la provenienza di quest'oggetto è molto complesso, quasi impossibile. Non si può datare perché l'arte africana si ripete da secoli sempre in modo abbastanza costante. Oggi è abbastanza facile vederne di simili su una qualsiasi bancarella di oggetti proveniente dall'Africa prodotti magari solo pochi mesi prima da qualche abile artigiano. Il metallo, ammesso che sia argento od una sua lega, potrebbe essersi salvato dalla corrosione grazie al fatto che si trovasse nei pressi, se non addirittura appoggiato, su qualcosa di ferroso. Potrebbe provenire da qualunque parte. Forme così arabeggianti o africane si vedono in oggetti che provengono da paesi del Mediterraneo orientale o dalle coste dell'Algeria o del Marocco.

I saraceni nelle loro scorrerie, partendo dall'Algeria o dalla Turchia, attaccavano la Provenza, la Liguria, vero flagello per le isole toscane. Ci sono storie scritte e resoconti precisi registrati da cronisti dell'epoca su battaglie e scontri, rapine e violenze.

Khayr ad-Din, conosciuto come Barbarossa per via del pelo rosso che gli ornava le guance, greco di Lesbos, servì come pirata gli Ottomani, assicurando loro il Mediterraneo per 33 anni, dopo la vincita della battaglia navale di Prevenza nel 1538. Odiato da portoghesi e spagnoli, il pirata partiva con flotte potenti alla caccia di convogli o di città da rapinare per rimpinguare i forzieri, catturare schiavi da vendere o per metterli al banco dei remi delle sue velocissime imbarcazioni. Ne il "The Barbary Corsairs – I corsari barbari – libro del 1890 si raccontano tutte le vicende delle loro battaglie, conquiste, lotte contro genovesi, veneziani, spagnoli e portoghesi ed anche le incursioni lungo le coste sotto il dominio del Papa. Il bracciale potrebbe provenire da una di quelle navi, non proprio da quella del feroce Barbarossa, forse di qualche altro capitano al soldo di altri sceicchi. Nel macabro scenario dopo la fine di una battaglia, coloro che erano periti in battaglia finivano in mare e forse venivano gettati anche coloro che non avrebbero potuto salvarsi per le ferite riportate. Questa è sempre stata la tradizione, anche se la storia non lo dichiara mai apertamente. C'erano centinaia di uomini su quelle imbarcazioni di ogni età e provenienza ed è quindi possibile che un giovinetto, al servizio di qualche ufficiale, sia stato ucciso in battaglia ed abbia trovato la sua tomba in fondo al mare.

È solo una storia immaginaria. Però i fatti potrebbero essere andati proprio in questo modo.

CAPRAIA ISOLA

4. L'antico guerriero

Uno scavatore meccanico con la sua mano d'acciaio stava creando un solco lungo la spalletta del ponte che passa sopra il modesto torrente che da secoli porta un rivolo d'acqua dal lago, più su, nella conca centrale dell'isola, al mare. Un gruppo di sfaccendati osservava commentando la trincea, profonda non più di mezzo metro, dove sarebbero stati posti nuovi cavi del telefono.

Sull'isola non capitava mai nulla di nuovo: un modesto scavatore, anche se di dimensioni da giardino, non era solo una novità ma motivo di commenti e chiacchiericcio.

La trincea avanzò fino al termine della spalletta, poi con una leggera piega l'addetto la diresse lungo il lato dell'aiuola che dista pochi metri dalla quattrocentesca chiesa dell'Assunta fino al modesto sagrato. La chiesa, lungo la strada che sale al paese, con le sue porte sempre spalancate, è l'ultima costruzione del borgo che fa da cornice all'ansa naturale dove attracca il traghetto.

Scavi archeologici condotti nei primi anni ottanta avevano accertato che proprio a ridosso del ponticello vi sia stata la presenza di una villa marittima romana costruita fra il I ed il V secolo d.C. che giustifica alcuni resti marmorei ed altri manufatti. La storia poi racconta che una signora della famiglia Giulia, per i suoi costumi un po' troppo liberi, sia stata allontanata dalla capitale dell'impero e relegata tra agi su questo scoglio.

Fino alla fine degli anni novanta si potevano vedere, nascosti da coperture improvvisate, proprio nello spazio dietro la chiesa, parte degli scavi che lentamente, stagione dopo stagione, scomparvero per lasciare posto ad uno spazio utilizzato sempre più spesso come parcheggio. La trincea era quasi terminata quando, nel sollevare un tratto di pavimento, la pala meccanica mise allo scoperto una piccola voragine.

Il manovratore alzò la pala, scese dal mezzo e si avvicinò alla buca. Il gruppo degli sfaccendati fece altrettanto seguendolo. Erano tutti intenti ad osservare il buco nero che si apriva sotto il pavimento di calcestruzzo, quando qualcuno dal gruppo notò nella terra scura e umida un frammento di cotto.

"Oh! Giovanni, va un po' a chiamare il Boccanera" urlò ad un ragazzetto che se ne stava in disparte seduto sul muricciolo. Il ragazzo, non si mosse, ma sbraitò il comando ad uno più piccolo di lui, che correndo si diresse verso il gruppetto di case arroccate che appena dopo il bar Massimo stringono la banchina, o meglio la strada, al punto che un'auto appena ci passa. L'addetto alla pala meccanica spense il motore e si accese una sigaretta. In attesa del da farsi.

Aveva compreso di aver urtato probabilmente qualcosa d'antico e solo com'era non se la sentiva di continuare nell'opera di scavo. Il Boccanera, il cui arrivo fu annunciato a gran voce dal ragazzino che era andato, data l'ora, a scomodare, raggiunse trafelato il gruppo che sempre a testa bassa osservava il buco e faceva commenti. Dei più disparati. L'architetto ricopriva sull'isola lo scomodo ruolo di ispettore onorario dell'autorità archeologica toscana, compito che svolgeva con molta solerzia e senza indugi. Con l'evidente conseguenza di avere spesso forti contrasti con chi non seguiva le procedure previste dalla legge in un ambiente così ricco di reperti archeologici.

Non mandava a dire ciò che pensava ed era più che ovvio che se ne facesse dire dietro di cotte e di crude. Conosceva l'arte e l'archeologia a menadito e cercava di far comprendere che non si poteva fare e disfare a proprio piacimento. Non una, mai più volte si tirò dietro gli strali di giunta e sindaco, con denuncie e contro denuncie, per scavi effettuati in poderi dove affioravano parti di tombe, frammenti di marmo, colli di anfore e quant'altro il terreno di Capraia nasconde ancora.

"Che vuoi" mi spiegava" qui si sentono una "repubblica" a se stante. Da centinaia d'anni sono stati abituati a risolvere da soli i problemi. Sono stati sballottati tra "governi" diversi, proprietà primo degli uni poi degli altri. Toscani, barbari, Inglesi, Còrsi, Genovesi, Francesi, Piemontesi, tutta gente che frequentò con impressionante alternanza questo scoglio. Si possono anche comprendere, aggiungeva, ma bisogna che capiscano che non possono distruggere il patrimonio che possiedono". Tanta era la sua passione per il passato che raccoglieva quel poco che gli veniva consegnato o che trovava e tra una bega e l'altra il Comune non gli diede mai la possibilità di aprire un minuscolo museo, anche quella piccola stanza, parte del complesso carcerario che sovrasta il porto, tante volte promessa ove riporre pietre e cocci. Per quei pochi metri quadrati, giunta e sindaco, non sempre gli stessi, ed il Boccanera fecero guerre memorabili, motivo di mille commenti nel paese deserto d'inverno, con supplementi molto più coreografici d'estate.

La chiesa dell'Assunta. In corrispondenza del basso muretto nei pressi del sagrato sono stati individuati i resti dell'antico guerriero

Di conseguenza, man mano che pezzi, parti, frammenti uscivano dal suolo o dal mare, li conservava in casa. Per la bisogna aveva allestito a piano terra in un piccolo sgabuzzino che dava sul passaggio obbligato, la strada, una sorta di minuscolo museo. Ad arricchire il tutto, nella bella stagione, alcuni tabelloni illustravano al turista ignaro la situazione ambigua e curiosa che quest'isola stava vivendo. Accendendo ancora più la miccia contro chi gli si opponeva.

Boccanera raggiunse il buco. Si passò un fazzoletto sulla fronte, poi ringraziò l'addetto alla pala per essersi fermato. Capì subito, al contrario degli altri a cosa fosse di fronte. Senza neppure pensarci si mise carponi e scrutò all'interno del buco nero. Poi chiese al manovratore di allargarlo un poco. La macchina fu rimessa in moto e l'operatore mosse il braccio metallico per sgretolare delicatamente i bordi del buco fino a quando l'architetto, alzando un braccio, non gli indicò che era sufficientemente largo. Quindi entrò, affondando i piedi in una terra nera ed umida, poi si piegò sulle ginocchia e dopo aver sbirciato all'interno del buco vi si infilò dentro, testa avanti, fino a che le sole gambe rimasero allo scoperto. Una situazione curiosa e ridicola. In un battibaleno i ragazzini, ridendo ed urlando, propagarono la notizia sul porto. Curiosi e sfaccendati si misero in colonna per andare ad assistere all'evento, perché di questo si trattava.

L'architetto avanzò ancora di qualche centimetro spingendosi con le gambe. Il riverbero del cemento della strada schiariva l'interno di quel minuscolo antro. La sua voce attutita senza che alcuno riuscisse a comprendere cosa stesse dicendo. L'uomo della pala meccanica, l'unico forse a cui stava a cuore l'incolumità di questo anziano signore, scese nella buca a cavalcioni delle sue gambe ed abbassando il capo quanto poteva ascoltava e riportava gli ordini.

"Dice che gli serve una paletta, meglio un piccolo rastrello". La richiesta rimbalzava sugli astanti ma nessuno si muoveva perché nessuno voleva perdersi lo spettacolo dell'architetto mezzo sepolto sotto il pavimento.

"Dice che servono cassette di legno, quelle della frutta". Solo i ragazzini con un gran fracasso partirono per andare a raccattare ove trovavano non solo le cassette ma tutto il resto. Angelo con una mano cominciò a tastare il terreno davanti a sé. Era morbido, impregnato d'acqua, forse del torrente o più probabile del mare, così vicino da penetrare fin qua sotto. Il cunicolo era assai stretto, largo poco di più delle sue spalle. Con la mano spostava la terra fradicia che spingeva lungo i fianchi. Il terreno non era livellato, presentava una sorta di rigonfiamento abbastanza vistoso. Descriveva ad alta voce ciò che percepiva tastando ed il conduttore della pala, sempre nella sua privilegiata posizione accovacciato sulle gambe dietro di lui riferiva agli altri a testa bassa attorno al buco. Angelo capì tastando i lati, lisci e squadrati, che si trattava di una tomba. Passò la mano sulla parte più alta del dosso e cominciò lentamente a portare via la terra. Le dita tastarono qualcosa di solido, bitorzoluto. Scese con le dita lungo il contorno e si accorse che era un oggetto lungo, posato verticalmente. Scavò sotto senza sollevarlo. Sapeva trattarsi di un pezzo di metallo posato sopra a qualcosa o qualcuno che giaceva lì sotto. Ci volle tempo, prima che con una sola mano e con grande sforzo, data la ristrettezza del cunicolo, riuscisse a tratteggiare in qualche modo quell'oggetto, sicuramente di metallo ma impossibile a dirsi cosa fosse.

"Architetto venga fuori di lì. Muore soffocato" si mise a gridare uno. Nel frattempo la vecchia corriera blu marino, dalle forme arrotondate, reperto viaggiante degli anni del dopoguerra, unico mezzo pubblico in funzione nel periodo estivo, stava affrontando l'ultima curva, quella più stretta proprio a ridosso della chiesa, a passo d'uomo, la sua velocità normale.

Il conducente premette il palmo della mano sul clacson per avvertire di togliersi dal mezzo della strada.

"Architetto, venga fuori, c'è la corriera" gridò qualcuno abbassandosi verso il buco dove stava disteso. Boccanera rimase dov'era. Quello che aveva trovato non lo avrebbe mosso da lì per nulla al mondo. La corriera si fermò pochi metri dal gruppo. Il conducente, incavolato nero, scese urlando, mentre il gruppo si apriva al suo passaggio. L'architetto stava dando ordini con voce flebile dall'interno della sua caverna. Spingeva fuori, lungo il suo fianco qualcosa di scuro, rugginoso, e chiedeva di essere aiutato. Uno dei due manovali addetti allo scavo scese nella buca e afferrò l'oggetto. Era all'apparenza un lungo ferro delimitato nella parte alta da uno più breve e stretto messo di traverso.

"Una spada?" Esclamò qualcuno.

L'operaio, invece di tenere l'oggetto con le due mani, la prima cosa che fece fu di impugnarla a mo' di spada. Ma nell'attimo che fece il gesto di sollevarla, l'antica arma si ruppe tra un'esclamazione generale. I ragazzini cominciarono ad imitare le movenze del manovale che aveva rotto un pezzo di storia, sghignazzando come pazzi e facendosi urlare ogni tipo di improperio dietro dagli adulti che animatamente discutevano su quanto stava accadendo.

Il manovale ripose incurante l'oggetto dietro di sé e si chinò verso la buca cercando di interpretare cosa chiedesse ancora Boccanera che dall'interno urlava per farsi capire.

Chiedeva un cesto di vimini. Qualcuno corse verso casa sua e tornando, oltre al cesto, consegnò anche il messaggio che la pasta era quasi pronta. Il cesto scomparve nell'antro. Sulla pasta che stava "scocendosi" nessun commentò. L'operazione di recupero durò ancora un paio d'ore.

Poi riprese nel tardo pomeriggio. Era un lavoro a catena: l'architetto riempiva i cestini di vimini, l'uomo nella buca li passava ad un ragazzo che sgambando correva verso casa dell'architetto per vuotarlo in un angolo apposito della bottega che aveva indicato. Dopo due giorni di lavoro la fossa era finalmente vuota, ma la trincea per la sistemazione dei cavi telefonici rimase com'era. Qualcuno avrebbe dovuto decidere che fare e non dipendeva certo né dal Boccanera né dal manovratore che attendeva da Livorno istruzioni.

Nel frattempo Angelo si era chiuso in casa per dare una prima pulita a quello che aveva trovato nella terra fangosa. La tomba, perché di questo si trattava, conteneva i resti di un uomo armato che era stato disteso sulla schiena. Dal disegno che fece il guerriero aveva le mani appoggiate al petto chiuse sul manico della lunga spada. Sopra ad essa, aveva trovato resti che parevano essere di uno scudo , quello che formava la collinetta di forma arrotondata, oramai sfatto dalla corrosione e dall'umidità. Tolta la spada all'altezza dei fianchi individuò una cintura che raccolse completamente. Verso quelle che lui intuiva essere le spalle avvertì qualcosa di solido e tondo che poi risultò essere l'avanzo di un elmo che la corrosione si era completamente mangiato.

Dopo quest'esame aveva estratto pian piano le ossa, tutte, una per una. Non esisteva né lo spazio né le possibilità di poter scegliere cosa raccogliere così aveva pulito l'intera tomba e messo il contenuto nei cestini.

Con la caparbietà del ricercatore ripulì pazientemente tutti i reperti e dopo alcuni giorni di silenzio, nei quali non si fece vivo neppure nel tardo pomeriggio quando era solito sedersi sulla porta del suo piccolo museo, finalmente fummo ammessi, privilegiati ospiti, a vedere cosa stava disteso sul pavimento della sua cucina tra i fornelli ed il tavolo.

Lo scheletro, perfettamente composto in ogni sua parte, stava disteso sul pavimento. La moglie si aggirava per la casa mugugnando per via di quello scomodo e fragile ospite, facendo bene attenzione a non frantumare con le ciabatte qualche ossa.

Quel che rimaneva dell'elsa della spada, molto incrostata, era decorata da fili metallici che brillavano e da alcune pietre rosse.

Una parte della cintura era incastonata da rubini fiammeggianti, così come una parte del bordo metallico di quello che fu un elmo. Seduto in terra come un bambino, l'ottantenne Boccanera ci illustrava la storia di quest'uomo che ripeteva da capo ogni volta che alla sua cucina era ammesso qualche forestiero o qualche "residente" a cui concedeva l'onore della visita. Lo scheletro sarebbe appartenuto ad un guerriero vissuto tra il IV° e V° secolo dopo Cristo e mostrava un forte dentatura ancora perfettamente integra. È morto giovane: sentenziò l'architetto. L'altezza apparente poteva aggirarsi attorno al metro e settanta, le ossa erano lunghe e forti; doveva essere un guerriero molto robusto, risentenziò l'architetto. Il cranio aveva un foro nella parte posteriore e presentava un'altra frattura nei pressi della tempia sinistra: un colpo di lancia, ci spiegò, oppure colpi di mazza. Un esame più accurato poteva accertarlo.

"Architetto chi ha detto che è costui?" La voce giungeva dal fondo della piccola cucina affollata.

"Oh, buonasera dottoressa. Ha visto che bellezza? È probabilmente un carolingio, un guerriero, non un soldato, ma qualcuno elevato in grado. Ha visto i rubini?"

Il cesto con i tintinnati rubini, in cui fino a poco prima si tenevano le fette di pane biscottato, per l'ennesima volta passò di mano in mano. Fuori, i capraiesi, erano rosi dalla rabbia e dall'invidia perché nessuno di loro era stato ammesso a vedere la curiosità.

Raccoglievano notizie da chi poi sostava al Bar Massimo che al solito ingigantiva fatti e cose. Boccanera aveva trovato smeraldi grossi come noci. Boccanera si sarebbe tenuto tutto per sé come aveva sempre fatto. Boccanera ha fermato i lavori; ora stiamo senza telefono per un paio d'anni. Le solite cose di sempre.

La cucina divenne inagibile tanta la folla che vi era ad ogni ora del giorno.

Dopo che Sandro, a fine di ogni immersione portava in visita il suo gruppo di subacquei, e gli ebbe schiacciato le dita dei piedi e frantumato qualche altro dettaglio osseo, la moglie ne ebbe abbastanza. Con la scopa scompose il corpo osseo sul pavimento e l'architetto fu cacciato. Raccolto tutto nelle cassette della frutta fu spedito al piano terra. Smontò le finestre, le appoggiò su dei cavalletti, e rimontò il guerriero carolingio sui ripiani trasparenti. Così chiunque passava, poteva ammirare stupito questa rarità. Ovviamente, c'era sempre ressa nel piccolo locale, e noi, il gruppo degli ammessi in ogni tempo, sostavamo di continuo per avere le ultime sul nostro glorioso guerriero. Paziente, rimetteva al suo posto le ossa che i curiosi spostavano o che qualcuno si sentiva in dovere di pulire dal salnitro che cadeva dal soffitto.

Ad un certo punto, ci raccontò che i carolingi avevano conquistato una parte dell'Italia ed erano quindi scesi anche all'altezza della Toscana. Venivano dalla Francia e questo doveva essere sicuramente un principe. Sparò un paio di nomi che a noi non dissero nulla. Ci fece osservare come fosse ben fatto e quindi sano e ben allevato puntualizzando quei particolari anatomici da cui si evidenzia una corretta crescita.

Sandro, eccitato dal racconto, non si accorse che stava poggiando i gomiti sulle lastre sottili di vetro come se fosse su un tavolo. Fu un attimo. La lastra si ruppe, le ossa rotolarono a terra, e sfiga volle, che un pezzo di vetro finisse sulle tibie troncandole di netto.

Disastro nel disastro. Il nostro guerriero era andato in pezzi.

Boccanera, aiutato dai presenti, pezzo per pezzo lo ripose nuovamente nelle ceste.

La mattina dopo era ricomposto, questa volta sul pavimento, alla mercè di curiosi che non capivano di cosa si trattasse, di bambini che frugavano le ossa, di chi raccoglieva le ossa per vederle meglio da vicino. Per prime sparirono le ossa dei piedi. Poi si ruppe qualche altro arto.

Un vero disastro e non rimase altro che riporre tutto nelle cassette.Nel frattempo aveva eseguito uno schizzo della tomba. I due lati erano in pietra squadrata e liscia, il soffitto in tegoli romani inclinati. Nell'individuare gli spazi si era accorto che a fianco esisteva un'altra tomba.

Nel frattempo, il buco era stato riempito di terra e sopra colata una bella spianata di cemento. Boccanera ingiunse la riapertura:

urlò, strepito, minacciò denuncie. Tutti, stanchi delle sue rimostranze e ricattandolo in qualche modo per non avergli fatto vedere il tesoro, gli voltarono le spalle. Quando gli addetti della soprintendenza, qualche giorno più tardi, in pompa magna e con gran frastuono arrivarono sull'isola non si poteva vedere più nulla e si dovettero accontentare solo del suo racconto.

Prima di loro, in una mattina ventosa, tre motovedette entrarono in rada mentre un elicottero giallo e verde si posava sul riquadro di cemento davanti al benzinaio. Finanza, Capitaneria di Porto e Carabinieri erano arrivati alla grande con rombanti motovedette. Misero sottosopra il piccolo porto, mentre gli abitanti spiavano dietro le imposte socchiuse. Dall'elicottero scesero due uomini, con le spalle ricurve e le mani a trattenere il basco, attraversarono di corsa il piazzale antistante il porto, e si diressero verso l'uscio del Boccanera.

"Lo arrestano, diobono, lo arrestano. L'è la volta bona, così ce lo togliamo da' coglioni". I due, pochi minuti dopo fecero il tragitto inverso, diretti verso la libellula gialla che non aveva spento il motore, sollevando un turbine di sabbia che il vento spingeva sulle case tra le maledizioni degli abitanti. I due militari in grigio verde portavano con sé un cestino della frutta.

Le pale frullarono più veloci, la libellula salì in verticale e scomparve in direzione della Gorgona. Gli altri dopo una mezz'ora lasciarono la casa del Boccanera, risalirono sui loro mezzi navali per ripartire, com'erano venuti, lasciandosi dietro fumate azzurrognole di puzzolente gas di scarico. Come le autorità scomparvero dietro la Punta della Madonnina ci dirigemmo dal Boccanera che trovammo sconsolato, mentre ripuliva il suo "museo" infestato dal salnitro che cadendo dai muri sgretolati spargeva polvere bianca ovunque.

"Che hanno detto?" Chiedemmo.

"Nulla. Si sono presi i rubini. Per le ossa, 'mandiamo a prendere', mi hanno detto". La sapeva lunga, conosceva bene come vanno queste cose. Quel piccolo tesoro non tornò più sull'isola. Per mille motivi tra cui l'incapacità isolana di capire il valore di ciò che pian piano si veniva a recuperare che avrebbe valorizzato quel remoto scoglio così ricco di storia d'uomini e cose.

Oggi se sbarcate a Capraia e vi apprestate a salire in paese, sappiate che sul piccolo sagrato della chiesa dell'Assunta, proprio sotto il pavimento riposa un altro guerriero d'alto lignaggio. I suoi resti rimarranno là sotto invece che nel mai costruito Museo Archeologico di Capraia.

Nota

I Carolingi furono una dinastia di sovrani franchi. Succeduta ai Merovingi nel 751 con Pipino il Breve, essa prese nome dal figlio di Pipino, Carlomagno, fondatore nell'800 del Sacro Romano Impero. Furono imperatori dopo di lui: Ludovico I il Pio, Lotario I, Ludovico II il Germanico, Carlo II il Calvo, Carlo III il Grosso e Arnolfo di Carinzia. Morto Ludovico I il Pio, ebbe luogo la spartizione dell'impero tra i suoi figli (trattato di Verdun, 843): Lotario I ebbe la dignità imperiale, la corona d'Italia (legata a quella imperiale anche in età postcarolingia) e Lotaringia; Carlo II il Calvo ebbe la Francia e Ludovico il Germanico la Germania. In Francia la dinastia regnò fino al 987, quando subentrarono i Capetingi; in Germania fino al 911; in Italia essa terminò con Carlo III il Grosso (887). La rinascita europea promossa dai Carolingi influenzò anche la sfera artistica, determinando il recupero del linguaggio classico. Nelle grandi chiese abbaziali (St-Denis, Corvery, Reichenau, Castel San Vincenzo), si affermò una nuova tipologia basilicale a tre navate con abside, cripta e facciata tra torri (westwerk), mentre nella Cappella Palatina ad Aquisgrana prevale la pianta centrale di derivazione bizantina.

Nota

da Bollettino Soprintendenza Archeologica per la Toscana:
- Estratto del testo di Giulio Ciampoltrini:
Tomba di militare tardoantico - Materiali di corredo tardoantico
Il corredo della sepoltura maschile ad inumazione comprende una fibbia per cintura, una piccola fibbia, spata e coltello.
1. Fibbia per cintura; lunghezza totale cm 4,7; alta cm 3,8. L'anello ellittico, a

sezione rettangolare, è in bronzo dorato, fornito di cellette subtrapezoidali, radiali, nelle quali sono alloggiati almandini; la placca, parallelepipeda, è un astuccio in lamina di bronzo dorato, che accoglie almandini ai quali la sagomatura del rivestimento bronzeo dà aspetto lanceolato, radiale rispetto al (perduto) castone centrale, alloggiato in un foro passante; è probabile che la perdita dell'elemento centrale sia antica. La placca è chiusa, e assicurata dalla cintura, con quattro chiodini bronzei, disposti agli spigoli. L'ardiglione, in bronzo fuso dorato, è munito alla base di un astuccio nel quale è incastonato un almandino parallelepipedo con spigoli smussati. I tre elementi erano articolati da una struttura in ferro distrutta dalla corrosione. Le concrezioni ferrose sulla faccia inferiore dell'anello potrebbero segnalare la posizione della fibbia nell'inumazione a ridosso della spata.

2. Piccola fibbia; lunghezza totale cm. 2,7; altezza cm 2. Anello in bronzo fuso dorato a sezione ellittica articolato su una placca rettangolare. Questa ancora in bronzo dorato, accoglie due almandini in cellette

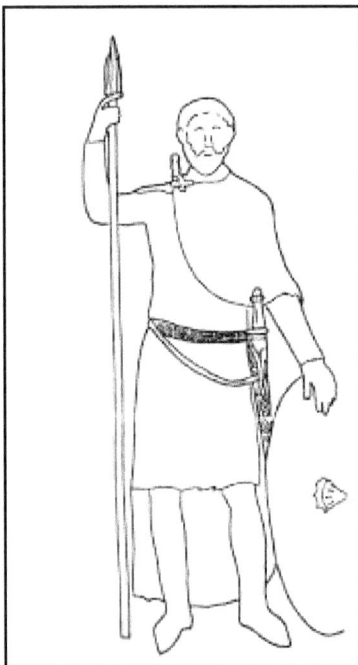

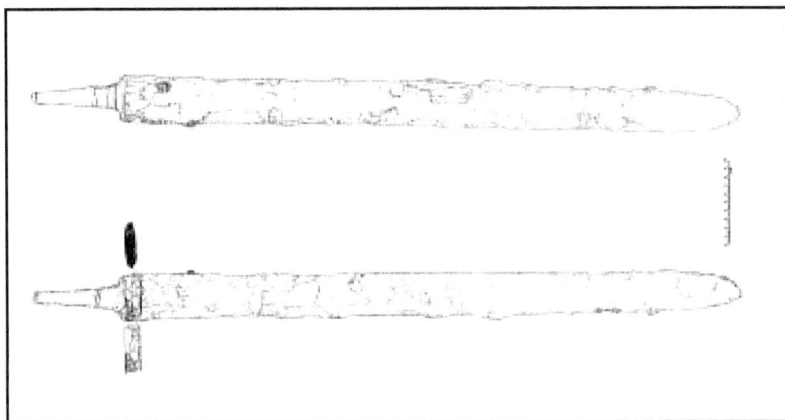

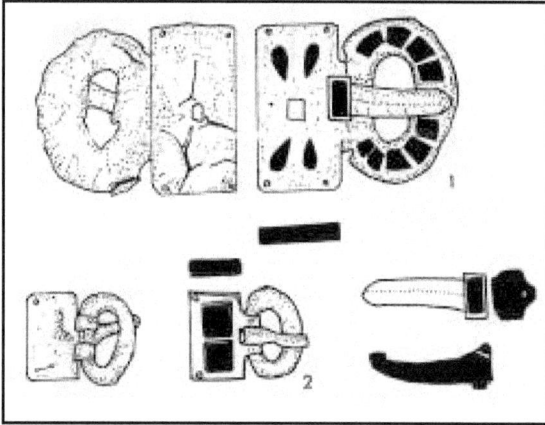

pressoché quadrate; due chiodini per il fissaggio. L'ardiglione è in bronzo dorato.

3. Spata (*spatha*) in ferro; lunghezza totale cm 87; della lama cm 76; larghezza del taglio cm 5-5,2. La lama a sezione ellittica termina con un codolo di immanicatura rastremato a sezione rettangolare. Il fodero ligneo del quale restano cospicue porzioni saldate alla lama dall'ossidazione era apparentemente sprovvisto di salvapunte, ma rivestito sull'imboccatura con una lamina in bronzo argentato, superstite solo in piccola porzione, con decorazione distribuita su fasce [...].

4. Coltello in ferro; lunghezza totale cm17, della lama cm 11,5. La lama è a un taglio a sezione semiellittica, il codolo di immanicatura, sub rettangolare in sezione, è rastremato. Sono conservate larghe porzioni del fodero ligneo, saldate dall'ossidazione della lama.

CAPRAIA ISOLA

5. Autentica o falsa

La lunga fila di subacquei si sgranava lungo le pareti del canyon che formava la secca, trecento metri sulla loro destra verso terra. L'immersione era iniziata dal mare aperto, oltre il ribollire della corrente, che avvolgeva in spirali gli scogli della secca. La guida li stava conducendo dove la barca li avrebbe raccolti, ancorata su un pianoro roccioso poco profondo. Quel tratto di mare, con la sua costa alta e massiccia, di colore bruno, spruzzata di bassa vegetazione rampicante, poteva appartenere a qualunque terra.

Il blu cobalto del mare rammentava quello di qualsiasi altro oceano migliaia di miglia lontano. Ogni volta osservando dal mare quel tratto di costa dove le onde hanno sbattuto con violenza per centinaia di anni rammentavo immersioni fatte in luoghi esotici, raggiunti a fatica, a latitudini equatoriali. Victor chiudeva la fila. Più in basso vedeva la guida, con la sua muta gialla, nuotare lentamente in prossimità del fondo, seguito dagli altri che, in coppia, si muovevano attorno a lui.

Dalla sua posizione aveva un punto d'osservazione migliore e più ampio anche se la corrente, che lo sospingeva indietro, era di maggiore ostacolo. Ogni tanto si lasciava andare verso il basso attratto da qualche forma curiosa. Poi, agendo sulla valvola che gonfiava il giubbetto, risaliva di quota. Un modo come un altro per consumare meno aria e rimanere più a lungo sott'acqua.

Discese un'ultima volta, attratto da un luccichio nella sabbia, pensando che fosse un pezzo di vetro. Il riflesso, nonostante il suo angolo d'approccio cambiasse, non svaniva, anzi si faceva più luminoso. Victor si avvicinò lentamente alla sabbia granulosa e pesante, allungò una mano e raccolse l'oggetto. Ne sentì immediatamente la consistenza metallica; era sostanzioso, forte, lucente. Lo sfregò un paio di volte con il pollice. La patina verdastra che lo velava scomparve e l'oggetto brillò ancora di più.

Attraverso il vetro della maschera umida fu in grado di osservare un disegno sul disco dorato, anzi una figura, una testa per la precisione. Si tolse il guanto e con l'indice seguì il profilo della figura in rilievo. Era una moneta, all'apparenza antica, molto bella, appoggiata semplicemente sulla sabbia. Per un attimo sollevò lo sguardo a cercare gli altri.

Avrebbe voluto farla vedere a tutti. Attorno a lui non c'era nessuno e sentiva solo il palpitare del suo cuore e la testa girare per la forte emozione.

Il pesante disco dorato finì nella tasca del giubbetto equilibratore e mentre risaliva verso la superficie teneva la mano premuta sulla tasca per precauzione. In acqua anche dalle tasche gli oggetti spesso si perdono, ma Victor sentiva sotto la pesante tela la forma dell'oggetto. Non disse nulla agli altri, una volta in barca, e tenne il segreto per se. A terra andò da Sandro e mostrò il pesante disco giallo dorato con l'incisione di una testa fasciata da foglie di lauro.

Il segreto durò poco. Come sempre in questi casi. Tutti i partecipanti a quell'immersione, così fortunata per uno di loro, vennero a sapere del ritrovamento ed inevitabilmente si scatenarono ipotesi e commenti che si protrassero per giorni. Victor lasciò l'isola e la moneta a Sandro, come ricordo.

Non era interessato più di tanto a quell'oggetto, ma desiderava che l'altro facesse indagini più approfondite per capire cosa effettivamente fosse quel disco dorato che all'apparenza sembrava molto antico. La testa in rilevo raffigurava un imperatore romano con le foglie di lauro che gli adornavano la testa. Sul volto una fluente barba. L'incisone attorno al bordo recava la scritta IMP CAESAR TRAIAN HADRIANUS AUG. Per esteso sarebbe stato Imperator

Caesar Traianus Hadrianus Augustus, vale a dire l'imperatore Adriano (11.8.117 d.C – 10.7.138 d.C.) che guidò Roma con mano ferma ed innovativa.

Sull'altro verso della moneta, 35 millimetri di diametro, 26 grammi di peso, SPQR OPTIMO PRINCIPI SC. La figura, inscritta al centro, era composta da due personaggi di cui uno alato. Non era chiara, leggermente consunta ed un colpo ricevuto al centro l'aveva leggermente deformata rendendola di difficile interpretazione

Il fax mi scaricò il disegno della moneta fatto alla bella e meglio e le sue caratteristiche. Se fosse stata vera, autentica c'era da pensare che Victor non solo aveva avuto molta fortuna ma aveva individuato un nuovo filone di ricerche.

Leggende metropolitane, racconti di pescatori, frammenti di cotto dispersi nella sabbia indicavano che l'area attorno alle Formiche era una sorta di cimitero di navi antiche. Si raccontava che nei primi anni sessanta qualcuno individuò due relitti sulla parte verso mare dai quali raccoglievano piatti di ottima fattura.

Grosse anfore furono raccolte quando ancora il carcere era presente sull'isola tra le posidonie verso terra proprio nel verso della corrente.

Non era il caso di stupirsi se qualcuno poteva aver trovato un oggetto, anche particolare da quelle parti. Quello che sorprendeva era la peculiarità del ritrovamento assai insolito.

Una prima ricerca bibliografica non diede nessun frutto, anzi ci portò esattamente fuori rotta. La moneta non risultava essere di metallo nobile come tutti avevano supposto. Forse di oricalco una lega di argento e rame, assai consistente ma chissà se sufficiente da resistere all'azione corrosiva dell'acqua di mare. L'oro resiste, l'argento un po' meno, ma deve trovarsi a contatto con un metallo come il ferro per sopravvivere altrimenti diventa sale. Anche il bronzo e l'ottone pian piano subiscono l'effetto divoratore dell'acqua marina seppur più lentamente. C'era da chiedersi come mai fosse

Dritto della moneta.
La testa raffigura
l'imperatore con le
foglie di lauro.
L'incisone attorno
al bordo la scritta
IMP CAESAR
TRAIAN
HADRIANUS
AUG (Imperator
Caesar Traianus
Hadrianus
Augustus) .

così lucente malgrado un lungo tempo passato in acqua salata. Victor, che aveva raccontato una decina di volte la sua scoperta, giurava di averla raccolta sulla sabbia, non incollata o appoggiata su altri residui metallici. In quello spazio sabbioso c'era solo quell'oggetto e null'altro.

Com'era possibile? Furono fatte altre immersioni proprio dove Victor aveva scoperto quella moneta, ma i risultati furono deludenti pur avendo battuto palmo a palmo quel modesto spazio sabbioso a circa trenta metri di profondità. Potrebbe essere accaduta anche una cosa curiosa. Il polpo (Octopus Vulgaris) ha una sorta di maniacale comportamento. Lo si può notare se individuate una tana nella sabbia altrimenti impossibile da vedersi tra le rocce. Attorno al buco in cui si infila agevolmente pone piccoli sassi, conchiglie morte, talvolta piccoli oggetti di metallo che trova sul fondo del mare. Non si capisce se siano utili come camuffamento oppure siano una sorta di oggetti che gli piacciono. Spesso, nelle immersioni, mi era capitato molte volte di imbattermi in questa sorta di stranezza e di aver anche atteso abbastanza a lungo per vederlo in opera. Una volta facemmo anche una sorta di esperimento che confermò come questi animali siano particolarmente attratti da oggetti dai colori vivaci.

Con piccoli pezzetti di straccio multicolore legati sulla cima di una canna riuscimmo più e più volte ad attrarlo verso di noi solo per poi fotografarlo. Chi tra questi esemplari era più audace catturò la tela per non mollarla più. È noto che un sistema di pesca al polpo è composto da una canna al cui termine si pone una serie di ami ricoperti da un pezzo di telo bianco. È sufficiente muoverlo in acqua perché il polpo vi si attacchi. Tutto questo per dire che arrivammo anche alla conclusione di pensare che un polpo avrebbe potuto aver pescato la lucente moneta da qualche parte per poi trasportarla verso la sua tana. E forse un suo simile avrebbe potuto prenderla a lui e trasportarla altrove. Non era una spiegazione scientifica piuttosto una delle tante ipotesi che avevamo messo in conto visto che dopo decine di immersioni non avevamo individuato nulla. Nel frattempo era comunque necessario cercare la provenienza storica di quella moneta. Così finimmo negli archivi, nei libri, parlando con numismatici, con archeologi, e perché

Rovescio della moneta con iscrizione
S.P.Q.R Optimo Principi

no, anche con un paio di tombaroli, al fine di trovare un indizio, una conferma. Quel peso in oro era troppo per una moneta di uso corrente anche nella ricca Roma. I monetari riportavano sesterzi in oro di minor peso e molto più piccoli.

Avrebbe potuto essere un medaglione a ricordo di un'impresa dell'imperatore, ma sul retro ci sarebbe stata la scena dell'avvenimento, come al solito avviene, e non due figure che all'apparenza avevano un significato preciso.

Dopo aver individuato presso un rivenditore americano una moneta di Adriano con la medesima incisione fronte e retro, e quasi del medesimo peso, ci venne in soccorso un ricercatore che si mise a nostra disposizione studiando l'oggetto.

Sicuramente questa strana moneta appariva come rivestita da un sottile strato di metallo nobile, ci fece notare. Infatti, ingrandendo molto, nelle piccole cavità si intravedeva rame che rilascia una polvere verdognola che correva lungo i bordi dell'incisione. Il dritto della moneta, l'effige della testa, era originale. Il rovescio non poteva appartenere a quella moneta, sentenziò.

Era necessario, suggerì, un'analisi al microscopio per capire se eventualmente le due parti fossero state saldate assieme.

Oltre la zigrinatura irregolare attorno al bordo, sempre con l'uso di una forte lente di ingrandimento si notavano delle piccole righe simmetriche molto simili a quelle che possono lasciare i denti minutissimi di una lima.

Un indizio pesante di un qualcosa di falso, anche se già all'epoca le monete preziose venivano limate per portarle sia al peso originale sia per rubare metallo. Ma le incisioni, per altro presenti lungo tutta la circonferenza, sembravano molto recenti e non certo appartenenti all'epoca della moneta, ammettendo che fosse reale. La specialista del Museo di Ravenna ove portai la moneta, si mise a ridere come la vide. Falsa! Decretò senza la minima esitazione guardandomi di traverso.

Ma l'ho trovata in mezzo al mare! Cercai di ribattere. Mi rispose in modo molto seccato, pensando che fossi il solito tombarolo alle prime armi, che non le interessava dove l'avessi trovata perché era falsa. Se per l'irritata signora la questione si chiudeva irrimediabilmente a questo punto, per me iniziava una nuova ricerca che aveva addirittura dell'incredibile.

Potevo capire che la moneta fosse falsa anche se l'interpellato, da specialista, avrebbe potuto spiegarmi il motivo. Non riuscivo ad afferrare come non avesse nessuna particolare corrosione eccetto quelle fessure da cui indovinava esserci rame all'interno, e soprattutto non capivo come avrebbe fatto ad essere in quel punto di mare. Tratto in cui potevano andare solo i subacquei perché a nessun altro sarebbe passato per la testa di avvicinarsi a quegli scogli.

Quella secca è isolata dal resto dell'isola e solo gli antichi marinai ci hanno affondato le loro imbarcazioni. Rifeci un lungo percorso di ricerca, ma il risultato era sempre uguale. L'augusteo Adrianus Imperator, l'uomo saggio, il poeta, uno dei cinque imperatori "buoni" non aveva mai sulle monete la sua effige accoppiata ad un rovescio simile a quello raffigurato. Che fosse un falso d'epoca? I marinai trafficano sempre. Su quella barca che disperse il suo carico attorno alla secca qualcuno avrebbe potuto avere nella sua sacca di pelle monete false contraffatte da qualche abile artigiano. È sempre accaduto e sempre accadrà. Ma come si faceva a dimostrare che fosse un falso d'epoca? E in che anni sarebbe poi stata falsificata.

A ponente della secca a cinquanta metri di profondità furono trovati anche i resti di un vascello quattrocentesco.

Forse v'erano altri. E se quella moneta fosse stata nelle tasche di uno dei naufraghi pronta per essere spacciata a qualche allocco! La ricerca andò avanti per due anni. Un piccolo giallo, che mi ero ripromesso di risolvere visto che oramai era stato stabilito che quell'oggetto non aveva alcun valore numismatico.

Grazie all'universo di internet, il giallo della moneta si risolse in modo del tutto inaspettato. Nel sito di uno specialista numismatico che, a suo dire, per passione si mette a disposizione gratuitamente di tutti gli inesperti, intercettai questa richiesta:

Sono in possesso di 5 monete di epoca romana di cui vorrei conoscere se possibile, la collocazione storica, il messaggio, ed eventualmente il valore commerciale. La prima moneta pesa gr 26.2 - larghezza 37.3, spessore 3 mm. La ringrazio sentimente per il servizio offerto su internet. Allegata la fotografia. Esattamente come quella in nostro possesso.

Il numismatico rispondeva in modo netto ed inequivocabile:

"Caro signore di seguito le fornisco gli elementi che mi è stato possibile raccogliere sulla sua moneta: Sesterzio; Dritto- busto di Adriano drappeggiato, corazzato e laureato IMP CAESAR TRAIAN HADRIANVS AVG. Rovescio- Traiano, a capo scoperto, in abito militare, in piedi a sinistra, sorregge un fulmine con la mano destra e un'asta verticale rovesciata con la sinistra e viene incoronato da una Vittoria drappeggiata in piedi a sinistra. SPQR OPTIMO PRINCIPI SC in esergo.

Si tratta di una pessima imitazione di una moneta antica, che riprende nel dritto un busto e una leggenda di Adriano, associandole sul rovescio un tipo della Vittoria e una leggenda di Traiano. Non meriterebbe la pubblicazione se non fosse per il fatto che probabilmente è stata prodotta in serie e potrebbe in futuro venire sottoposta da qualche altro lettore. In altre parole, rispondo perché sono cortese ma soprattutto perché altri allocchi come lei non mi scoccino con domande su monete di simile fattura".

Il giallo rimane. Provate a pensare chi avrebbe potuto perdere in quel punto, così isolato, una moneta romana falsa, coperta di una lega aurea, e in quali situazione? Non lo sapremo mai. A meno che non si trovi un giorno la nave che la trasportava oppure che Victor si decida a dirci la verità.

Nota
Monetazione a Roma (varie zecche)
Leggende principali:

-117 d.C.: - IMP. CAES. TRAIAN. HADRIAN(O) OPT. GER. DAC. (AVR + ARG)
- dal 118 d.C. quasi esclusivamente: IMP. CAESAR TRAIAN. HADRIANVS AVG. (AVR + ARG), eventualmente con titolatura magistrale sul rovescio
- dal 125 d.C. quasi esclusivamente: HADRIANVS AVGVSTVS (AVR + ARG), eventualmente con titolatura magistrale sul rovescio

- dal 138 d.C. quasi esclusivamente: HADRIANVS AVG. COS. III P.P. o HADRIANVS AVG. P.P. con COS. III sul rovescio (AVR + ARG)

- 117/118 d.C.: IMP. CAES. DIVI TRAIAN. AVG. F. DIVI NER. NEP. TRAIAN. HADRIAN. OPT. AVG. GER. o simile con varie abbreviazioni (AES)

- dal 118 d.C.: IMP. CAESAR TRAIAN(VS) HADRIANVS AVG. (119-121 anche: P.M. TR.P. COS. III) (AES)

- dal 125 d.C.: HADRIANVS AVGVSTVS e COS. III (dal 132: anche P.P.) con proseguimento della leggenda sul rovescio (AES)

- dal 134 d.C.: HADRIANVS AVG. COS. III P.P. (AES)

Sigle dei metalli:
(AVR) = oro; (ARG) = argento; (AES) = rame (bronzo, oricalco*)

* L'oricalco è una lega di rame e zinco di color oro usata per coniare il sesterzio ed il dupondio. Era considerato di valore superiore al rame, di cui era invece fatta la moneta da un asse

CAPRAIA ISOLA

7. L'eremita

Michele (chiamolo così) sfregava con forza su una pietra le punte di ferro. Le aveva ricavate da tondini di ferro raccolti nei pressi di un'abitazione in costruzione dove il sentiero lascia il pianoro e si inerpica verso l'interno dell'isola.

Forgiandoli come punte di frecce le aveva infilate in lunghe canne di bambù, di tre metri circa, legandoli saldamente con i nodi che si usano sugli ami. Con queste lance, simili a quelle dei balenieri, gettando piccoli bocconi da riva, richiamava i pesci e con la destrezza che aveva appreso, li infilzava. Procurandosi cibo.

Dall'unica finestra stretta e profonda della torre il mare sottostante era perfettamente calmo.

Una lastra di vetro. Michele ogni tanto volgeva lo sguardo in basso quasi volesse tenere sotto controllo quello spazio più che distogliere per un attimo gli occhi da ciò che stava facendo.

Con un movimento regolare e rapido continuava a fregare il metallo sulla pietra, lasciando colare da quello che fu un barattolo di conserva, un filo d'acqua. Preziosa, perché, per poterla avere doveva fare molto cammino. Dalla torre doveva risalire la china, ripercorrere l'unico sentiero che proveniva dal paese e salire nuovamente lungo un altro, poco battuto, pieno di rovi, fino alla Stagnone, una sorta di minuto lago di color verde cupo. Qui in una tanica raccolta in mare teneva la sua scorta d'acqua. Un percorso lungo, che d'estate era costretto ad effettuare parecchie volte. D'inverno, fortunatamente, durante i frequenti acquazzoni riusciva a racimolare un po' d'acqua che scendeva dal tetto lungo le vecchie canaline sgretolate dal tempo. Michele, allarmato da un rumore che non gli era famigliare, si fermò restando immobile. Sentiva che la brezza che risaliva il costone gli aveva portano flebili suoni diversi da quelli a cui era abituato. Viveva in continuazione in stato di allerta pur sapendo che alla torre non arrivava mai nessuno, se non qualche volta in primavera quando un escursionista coraggioso riusciva a giungere nei paraggi. Per fortuna, pensò, riprendendo il movimento lasciato in sospeso che i genovesi la sapevano lunga. L'avevano costruita loro quella torre, secoli addietro, per poter avere una vista che si allargava sul mare dall'isola di Montecristo alla Corsica necessaria per gli avvistamenti di flotte nemiche. A picco sulla baia era impossibile affrontarla dal mare e gli eventuali attacchi sarebbero potuti provenire solo risalendo l'intera isola provenendo dall'insenatura che formava il porto. Nessuno avrebbe potuto prenderlo alla sprovvista dalla parte del mare, pensò. Allungò il collo per osservare il terreno pianeggiante davanti alla torre inquadrato nell'ampia porta tondeggiante della torre. Chiunque fosse giunto fino a quel punto sarebbe stato visto quando ancora era molto lontano perché avrebbe dovuto percorrere un tratto di sentiero oramai spoglio di alberi e cespugli dove solo l'erba cresceva a stento sulle pietre. Nel caso di una visita inaspettata aveva tutto il tempo di nascondersi, fuggendo dalla torre per infilarsi nei fitti arbusti che ricoprivano il promontorio nella parte più alta. Oppure salire sulla sommità della torre per nascondersi al riparo dei merli sbeccati. Nessun si sarebbe azzardato a salire fin lassù seguendo una via così pericolosa. Lui, lassù, ci dormiva durante l'estate quando le notti sono torride con una coperta di stelle che lo rendeva felice.

Lo faceva anche per sfuggire ai topi, che fin lì non riuscivano ad arrampicarsi, perché lungo il muro, ad un certo punto, mancava una parte del cornicione circolare e gli ignobili animali dovevano interrompere la salita e tornare da dove erano venuti.

Osservò dalla porta lo spazio antistante. Nascosto nell'ombra della stanza. La scala di corda era stesa fuori dalla porta. Di solito la raccoglieva, facendola sparire all'interno ma in estate quando qualche curioso poteva arrivare fin lassù preferiva lasciarla pendere al di fuori per fuggire più rapidamente. L'aveva costruita raccogliendo pezzi di cima abbandonati. Era lunga a sufficienza per arrivare fino a terra: tre metri circa, l'altezza dell'ingresso dal suolo, così sistemato per essere agilmente difendibile. La torre, cilindrica poggiava su una base tronco conica, senza nessun appiglio. Raggiungere l'ingresso sarebbe stato molto difficile senza l'ausilio di una scala ed anche con questa un uomo solo avrebbe potuto difendere la torre.

Michele rientrò e si sporse dalla finestra.

Cala Rossa, immersa nelle sue acque turchesi, era silenziosa. Non si percepiva neppure il più piccolo sciabordio. L'acqua contro la parete rosso cupo era immobile.

Riprese il suo lavoro e terminato di affilare tutti gli arpioni li appese in bell'ordine ad una parete dove da sempre stavano. Raccolse la mola e la depose in un buco tra due pietre: il suo armadio. Assieme ad altri piccoli strumenti che si era costruito per mantenere efficienti le primitive attrezzature da pesca. Aveva una serie di ami che aveva acquistato, lenze di buona dimensione, un paio di coltelli che aveva sottratto a turisti distratti,

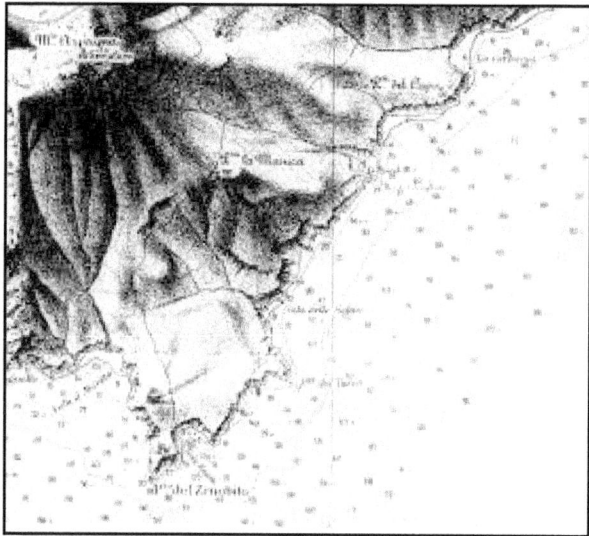

Torre dello Zenobito sovrasta Cala Rossa
estremita meridionale dell'isola

un pezzo di rete, troppo piccola per pescarci. Lenze ed ami venivano usati nelle stagioni intermedie quando il pesce è di passo. Dalla Punta dello Zenobito transitano tonnarelli e ricciole sull'onda della corrente che si frange contro la punta. Gettare gli ami da riva la mattina molto presto, al riparo di un anfratto, e catturare un tonnarello argenteo era abbastanza facile.

Michele, che all'inizio sapeva pescare poco e male, era diventato esperto e la sua dieta era sostanzialmente di pesce, piccoli crostacei, ricci e cos'altro offriva il mare.

L'isola offriva anche qualcosa di più. C'erano capre selvatiche e con trappole ben congegnate, ogni tanto, qualcuna diventava una buona riserva di cibo. Non c'era modo di mantenere la carne che doveva consumare subito ma questo non era un grosso problema. D'estate, quando l'isola si riempie di turisti, scendeva in paese, indossando l'unico paio di brache decenti che ancora possedeva ed una maglietta. La barba, aggiustata con una vecchia forbice, gli nascondeva il viso e nessuno faceva caso a lui che si mischiava, specie la mattina con i turisti che frequentano i negozi di alimentari.

Nessuno lo aveva mai fermato, nessuno gli aveva chiesto mai nulla.Si accontentava di raccogliere qualche scarto, prendere un paio di pomodori da una cassetta, sfilare una maglietta da uno stenditoio, approfittare della disattenzione di qualcuno per raccattare qualunque cosa potesse essergli utile. Sempre con molta attenzione, perché non voleva far scoprire la sua presenza sull'isola. Se avesse chiesto, forse gliene avrebbero dato, ma lui preferiva così. Era un'abitante sconosciuto di quello scoglio. Un eremita per scelta. Nell'ora più calda della giornata, compiute le razzie passando dietro la chiesa, come qualunque turista, lasciava il sentiero dopo San Rocco, che si affaccia sullo Zurletto, e si nascondeva fino a sera nel fitto dei cespugli. Solo con il buio, che gli assicurava un'adeguata protezione, rientrava lesto verso la torre per riporre i suoi tesori.

D'inverno quando il paese è una desolazione, battuto dai venti freddi del nord, se ne andava lungo sentieri solo a lui conosciuti verso l'Arpagna o al Forcone. Da lassù osservava il mare che ruggendo si abbatteva sulla costa impervia dell'isola rivolta verso la Corsica. Spesso raggiungeva la Punta del Trattoio dove aveva un miglior vista della Cala del Rogo e dell'isoletta del Praiola. Da quel punto di osservazione poteva scorgere se le mareggiate avevano gettato sulle pietraie qualcosa di utile. Le navi che passano nel canale lasciano in mare ogni sorta di materiale e rifiuti come nella migliore tradizione marinara. Cassette di legno, fusti di benzina, remi, salvagenti, groppi di reti, sugheri arrivavano a terra con una certa frequenza, tutto materiale da riutilizzare.

L'unica stanza circolare della torre l'aveva arredata di queste cose. Aveva vecchie pentole per cucinare, qualche piatto trovato sulla spiaggia, un cucchiaio, una forchetta e qualche altro strumen-

Torre delo Zenobito costruita dal Banco di San Giorgio, Genova, a picco sul mare poteva ospitare 50 uomini ed una polveriera

65

to. Il quattrocentesco torrione era dotato anche di un ampio camino, ben incuneato nelle spesse mura, in modo tale che il bagliore della fiamma non fosse visibile la notte all'esterno. Dormiva, quando non era possibile salire sul tetto, su un'amaca ben alta da terra agganciata ai due lati della parete. Sul pavimento della stanza si apriva una botola che conduceva ad uno stanzone sottostante con il pavimento di terra. Buio e poco arieggiato veniva usato per deporre armi e polveri ma Michele di questo spazio non sapeva cosa farsene.

Di rado si sentiva solo. E quando questo accadeva scacciava la malinconia mettendosi a fare qualcosa di utile come raccogliere legna o mettere le trappole per i conigli selvatici.

Possedeva anche una matita e poteva scrivere sulla carta che raccoglieva con cura quando aveva l'opportunità di scendere in paese. Quello era il suo passatempo preferito a cui si dedicava nelle ultime ore della giornata prima che il buio lo costringesse a dormire.

Michele avvertì, come un animale, passi che si avvicinavano. Si drizzò un attimo per ascoltare meglio. Qualcuno in silenzio si stava avvicinando, non dal sentiero, ma lungo la parete rocciosa dalla parte del mare. Qualche piccolo frammento di roccia era stato smosso e rotolava verso il mare immobile.

Andò verso l'ingresso e veloce come un fulmine si calò a terra. Corse di soppiatto verso gli arbusti.

Si fermò ancora un attimo ad ascoltare: erano passi, non di un sol uomo.

Si voltò e di corsa si allontanò verso le falde dell'Arpagna dove nessuno avrebbe potuto scovarlo.

- Sai nulla dell'eremita? -
- Ma di che parli? -
- Dell'eremita. -

Una leggenda isolana raccontava che un eremita vivesse alla torre dello Zenobito, quella che si erge proprio al di sopra di Cala

Rossa. Condita e farcita di particolari la si raccontava come una favola ai bambini nelle sere d'estate, quando chiusi in casa, per via dei temporali estivi, bisognava trovare un espediente per tenerli buoni.

- Allora che sai? -

- Ma nulla. Quel che si racconta in giro. Un sacco di balle. Ma perché, ci credi davvero? -

No, non ci credevo. Ma, tra le tante leggende che alitavano su questo scoglio, per secoli al centro di conquiste, battaglie, sbarchi, corsari e barbareschi, poteva anche essere vero che qualcuno si fosse nascosto da qualche parte per vivere un'esistenza da moderno eremita. Ad ogni stagione estiva, questa leggenda saltava fuori, in occasione di qualche piccola scoperta archeologica o di qualche assurdo ritrovamento. Se ne parlava da anni. Il libeccio aveva imperversato sull'isola con raffiche potenti, sconvolgendo il mare. Il traghetto non aveva sbarcato la solita marea di turisti. L'isola quella mattina si era risvegliata più silenziosa del solito sotto un sole cocente circondata da un mare immobile come un cristallo.

- Che facciamo? - chiesi agli altri cercando di capire se era possibile andare a fare un'immersione.

- Inutile. È sporco, sono andato alle sette a vedere alla Mortola.-

Avevamo davanti una lunga giornata fatta di noia, sole e caldo. Perché, sull'isola, se non vai in mare, non hai che da far trascorrere il tempo trascinandoti dal Bar Massimo al centro immersioni e viceversa. Ci avviammo verso il Boston che dondolava sotto al sole.

Uno seduto a prua, l'altro a poppa, cercavamo disperatamente una soluzione per arrivare a sera. Non si poteva andare sott'acqua, a pesca manco a parlarne, esplorare le calette era tempo perso.

- Andiamo almeno dove abbiamo trovato quei chiodi - dissi per cercare di interessare il mio compagno. - Sono pochi metri d'acqua, diamo un'occhiata. Forse troviamo qualcosa d'altro. -

Nulla da fare. Il sole già scottava; l'apatia avrebbe coperto tutto in breve tempo come un velo.

- Hai visto il mare. Sembra un catino. Non c'è neppure il minimo sciacquio. Perché non si va allo Zenobito. Possiamo attraccare alla parete e salire. Pochi minuti e siamo in cima. -

Il Boston uscì dall'insenatura e sfiorando la parete rocciosa si diresse verso Cala Rossa. Il mare era talmente calmo che quando la prua del Boston si appoggiò agli scogli della cala sembrava fosse appoggiata alla banchina del porto. Filammo un'ancora a mare e mettemmo una cima a terra.

Poi iniziammo a salire.

La torre quattrocentesca era sopra di noi. Neppure un gabbiano con i suoi striduli richiami rompeva il silenzio. Arrivammo in cima in pochi minuti. Passando da terra avremmo dovuto affrontare un percorso di cinque, sei chilometri, faticoso e poco agevole. Da lassù, l'aria ripulita dal libeccio si vedeva l'Elba vicinissima e la linea scura della Corsica ad occidente. Uno spettacolo raro in un'eccezionale mattina d'agosto.

Cala Rossa, dall'alto, è uno spettacolo naturale. Un mezzo cratere tondo, rosso vivo, ciò che è rimasto della bocca di un vulcano, si specchiava in un semicerchio azzurro smeraldo d'acqua cristallina dove si potevano distinguere i pesci nuotare tra le alghe.

Proseguimmo verso la torre poche decine di metri dal bordo del cratere. La osservai nella sua maestosità pensando a quanta fatica fecero per costruirla trasportando tutto via terra su per quella strada primitiva e lastricata di grosse pietre quadrate che il tempo aveva sconnesso. Un'impresa non da poco.

Sulle prime non feci caso alla scala di corda che penzolava dalla porta a circa tre metri da terra. Sfiorava il terreno ed era agganciata all'apertura in modo ben saldo.

Altre volte avevo visitato quel luogo, nel tempo. Mai prima di allora avevo visto quella scala.

Si sapeva che sull'isola nessuno frequentava quel luogo abitualmente. Non fungeva da ripostiglio abusivo e gli unici che venivano da queste parti erano un paio di cacciatori nella stagione del passo dei colombacci.

- Hai visto. C'è una scala - mormorai al mio compagno.

- Taci, forse qualcuno ci osserva. -

Ci accucciammo sul terreno come due stupidi. Cercammo di carpire qualche suono: un ramo che si rompeva, un rumore di passi, un sasso che rotolava. Nulla. La natura di quel luogo era completamente immobile.

- Vado su. A vedere che c'è dentro. Non l'ho mai vista. -

- Sei sicuro. E se arriva qualcuno? -

- Se arriva ci scusiamo, mica rubiamo nulla. -

Con molta circospezione mi avviai verso il basamento della torre, aggüantai la scala di corda ed iniziai a salire.

Sbirciai all'interno, come un ladro, prima di entrarvi. Non proveniva nessun suono. L'ampio locale circolare era apparentemente deserto. Entrai e rimasi immobile per un attimo.

Percepivo che questo luogo fosse abitato.

Il mio compagno mi aveva seguito, in silenzio.

- Guarda! - gli dissi sottovoce voltandomi. - Ci sono delle padelle appese al muro. -

Le due padelle annerite dal fuoco furono i primi oggetti che mi colpirono. Poi mi mossi verso l'ampio camino, antichissimo quanto la torre, dove la cenere di un fuoco recente faceva un piccolo cumulo nero. L'ambiente era pulito, quasi che fosse stato rigovernato di recente.

Non c'erano le tracce evidenti che si trovano di solito nei luoghi abbandonati o nei ruderi che pastori e contadini usano come ripari per le bestie o per gli attrezzi. Qui tutto era straordinariamente in ordine. Tutto appeso alle pareti, ben in alto dal pavimento, quasi che vi fosse paura del contatto con qualche animale. C'era anche una serie di fiocine fatte a mano, innestate su lunghe aste di bambù, di diverse dimensioni e lunghezze. Ne esaminai una e scoprii che la mano che l'aveva costruita sapeva come realizzare uno strumento da pesca così particolare. Lungo le pareti circolari della torre non vi era nessun tipo di mobilio, se non questi attrezzi. Ad eccezione di una panca, fatta da assi sbrecciate, che erano state a lungo nell'acqua, e ad un tavolo malandato, appoggiato sotto l'unica stretta finestra a bocca di lupo. Una botola di legno permetteva l'accesso ad un deposito sotterraneo dove un tempo tenevano polveri e cibo. Rimanemmo in silenzio per un lasso di tempo che sembrò un'eternità. Ci viveva qualcuno in questa torre. Il suo unico abitante era fuggito in tempo, per non farsi scoprire, da noi, arrivati in silenzio dal punto meno probabile. La dimostrazione era la scala, abbandonata. Senza quella entrare nella torre sarebbe stato davvero complicato. Se il nostro qualcuno ci stava osservando non sarebbe tornato se non dopo la nostra dipartita. Era inutile aspettare e di questo eravamo certi. Il tavolo era coperto di segni ed incisioni, alcuni causati dall'uso, altri incisi di proposito con un coltello. Incuriosito passai una mano sul ripiano ed avvertii che sul bordo vi era una serie di tagli regolari. Dove la luce colpiva il bordo c'erano incisioni parallele, a distanza quasi regolare. Una sorta di clessidra? Che indicava con lo spostamento della lama luminosa il trascorrere del tempo, una sorta di calendario per ricordare i giorni. Il bordo inciso mi ricordava antiche pietre che avevo visto in Messico dove il passare del tempo era indicato in questo modo. Quel che c'era da vedere l'avevamo visto. Lui, se esisteva, non sarebbe certo tornato in tempo per farsi scoprire. E se non lo voleva era evidente che aveva i suoi segreti altrimenti invece di scomparire nel folto della vegetazione ci avrebbe accolto, magari a malo modo, ma ci avrebbe accolto. Andai verso la porta ed osservai un'ultima volta il panorama mozzafiato. Allungai una mano, per reggermi sul dorso della porta, prima di mettere il piede sullo scalino di corda della scala. Un leggero luccichio richiamò la mia attenzione. Proveniva da un interstizio tra le pietre. In quella posizione precaria allungai l'altra mano ed estrassi quello che sembrava un pezzetto di carta argentata. Si rivelò essere l'incarto interno di un pacchetto di sigarette. Lo svolsi. Nell'esiguo spazio bianco di questo foglietto vi erano alcune brevi frasi scritte con una calligrafia incerta.

Una poesia:

> *Quando gli occhi*
> *incontrarono il mare*
> *fu la notte degli scogli*
> *delle pietre urlanti;*
> *poi il silenzio della*
> *lava coprì il loro amore* [...]

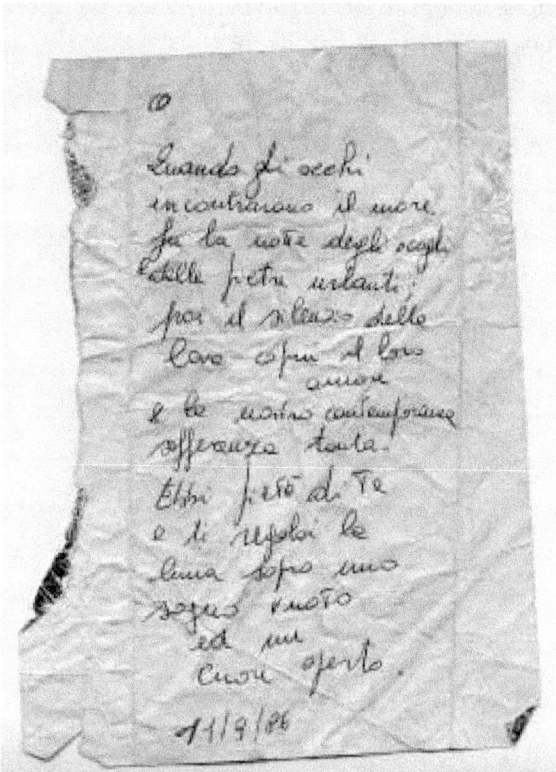

Con il foglietto tra le mani, in bilico sulla scala osservai meglio il muro. Decine di foglietti arrotolati, erano infilati tra le pietre. Mi sedetti sullo scalino di pietra ed uno per uno li lessi tutti. Alcuni erano deliranti, confusi, a volte privi di senso, altri giocosi, spesso intrisi di parole drammatiche e dure. Testi dedicati al mare, alla luna, ad una donna nella maggior parte. Dopo aver letto quei piccoli rotoli di carta, li riposi dove erano stati fino a poco fa.

Avevo scrutato nella più profonda intimità dell'abitante della torre e mi sentivo a disagio. Mi guardai attorno, la natura era immobile sotto un sole cocente. Avevo gettato uno sguardo nel dramma dell'abitante della torre, che solo, la notte, si agitava, in compagnia di topi, capre, e chissà quale altro abitante notturno, parlando alla luna. Riposi anche la poesia. Poi fu più forte di me. La ripresi, per infilarmela in tasca.

8. Lucius

La tramontana aveva soffiato fino alle prime luci dell'alba, poi il vento si era acquietato. La pesante imbarcazione saliva e scendeva sulle onde gonfie, trattenuta dall'ancora in una stretta baia dalle pareti a picco. L'abilissimo nocchiero, da cui Lucius l'aveva noleggiato per la lunga traversata, conosceva bene la rotta, quest'isola e le insenature protette da ogni vento.

Il sole si stava alzando dalla parte della terra ferma, i raggi violenti sbattevano sulla roccia rossa accendendola di un colore che a lui ricordava i guizzi di una fiamma. Avrebbe voluto sbarcare per toccare quella pietra con le mani, ma non era possibile avvicinarsi all'alta parete che precipitava da molte braccia nell'acqua azzurra. Lucius rimase a guardare quello spettacolo naturale che lo attraeva, mentre il nocchiero risistemava i cavi e la gran vela bianca, di lino pesante, che li avrebbe sospinti verso casa.

Gli altri, incuranti del movimento altalenante della barca e dello spettacolo che li avvolgeva, si davano da fare intorno ad un'anfora che conteneva del pesce e delle olive.

Il cielo era terso, bave di nuvole striate correvano veloci, basse sull'orizzonte, la tempesta stava fuggendo ed il vento buono sarebbe arrivato di lì a poco. Meglio uscire da quell'angusto riparo, prima di vedersi sbattere contro quella parete, pensò il nocchiero e, maledicendo gli dei degli inferi, cominciò ad aizzare l'equipaggio affinché alassero l'ancora di pietra e, a remi, portassero l'imbarcazione in mare aperto.

Gli uomini erano stanchi, assonnati, con le braccia rotte per la lunga vogata del giorno prima. Avevano spinto sui remi da quando il sole era a perpendicolo nel cielo finché non s'inabissò dalla parte dell'isola *nera* da dove loro provenivano. Avrebbero voluto fermarsi ma sapevano che se il vento fosse improvvisamente salito dalla parte del mare aperto sarebbero stati perduti e, maledicendo tutto il pantheon, alarono la pesante ancora di pietra.

L'imbarcazione uscì lentamente dalla stretta baia, poi fu ghermita dalla corrente che inesorabilmente l'avrebbe messa sulla rotta giusta. Era sempre così, pensò il nocchiero: non era la prima volta che aveva dovuto usare questo riparo tornando dall'isola "nera".

Lucius si voltò ancora una volta a guardare quello splendore naturale che avrebbe raccontato una volta a casa, ingigantendolo di particolari che avrebbero ingelosito famigliari ed amici.

L'imbarcazione sotto la spinta dei remi scapolò agilmente il promontorio e si lasciò dietro la grande baia di enormi massi rotondi. Con un grande schiocco la vela si aprì al vento ed il nocchiero strinse le funi che la regolavano fino a farla gonfiare mentre i rematori rimettevano i pesanti remi sul ponte. Una leggera scia bianca intagliava il blu cobalto del mare gonfio che faceva salire e scendere l'imbarcazione come se fosse su un bilanciere.

Il nocchiero si voltò a guardare il punto che aveva lasciato e scrutò innanzi a sé. Sapeva per esperienza che avrebbe dovuto tenere dritto il timone fin sotto il prossimo capo, poi deviare leggermente verso il mare aperto perché in quel punto scogli che uscivano dalle profondità potevano danneggiare la nave. Superato questo pericolo avrebbe tirato dritto fino a vedersi aprire una baia profonda, ricca di alberi grandi e verdi. Qui avrebbe spinto con tutto il peso del suo corpo il lungo braccio del timone per mettere la barca con la poppa alla costa dell'isola: la rotta che lo avrebbe portato verso casa. Le alte cime delle montagne che sbucavano offuscate dall'orizzonte gli indicavano la direzione.

Lucius, steso sul ponte sotto la vela pensava alla sua lunga avventura. Era partito tempo prima dalla sua popolosa città per avventurarsi in mare e raggiungere l'isola "nera", cupa e rocciosa, dove si trovava il ferro e artigiani abili nella fusione e nella lavorazione. Voleva carpire i loro segreti per portarli a casa dove in modo proficuo li avrebbe fatti rendere trasformando il metallo in oggetti che i mercanti che provenivano dalle regioni meridionali vendevano a caro prezzo. Non aveva con sé oro da scambiare, troppo pericoloso viaggiare anche con piccole lamine, non aveva armi per evitare discussioni e rapine, non aveva monili, solo una consunta bisaccia di pelle di bufalo con poche misere cose all'interno e quel tanto che bastava per qualche proficuo acquisto.

Solo nel bordo della sua tunica, che nessuno avrebbe preteso, aveva nascosto due piccoli oggetti di bronzo, due sottili fili di bronzo ricurvi, poco più grandi del suo pollice, che aveva barattato con mercanti dalla pelle scura che parlavano una lingua a lui sconosciuta. Uno di loro aveva preso la collana che Lucius gli aveva mostrato e dato in cambio questi due semicerchi di bronzo, durissimo, forte e con una gran punta da una parte.

Di fronte al suo scetticismo l'uomo dalla pelle scura aveva legato con un sottile vescica animale uno dei due pezzi di metallo e, infilato un pezzo di pesce marcio, lo aveva gettato in mare.

In men che non si dica aveva tirato fuori dell'acqua un grosso pesce che si era ingoiato il boccone in cui era nascosto il metallo ricurvo. Lucius non aveva parlato con nessuno di questo suo tesoro, lo aveva tenuto ben nascosto per usarlo alla prima occasione. E finalmente era arrivata. I due luccicanti oggetti metallici fecero venire l'acquolina in bocca ad un artigiano fonditore dell'isola nera che in cambio dei due piccoli tesori gli fece vedere l'ultima sua invenzione; un piccolo forno, arrangiabile ovunque, che poteva liquefare il minerale da versare negli stampi d'argilla. Lucius seguendo ciò che gli aveva insegnato il fonditore aveva costruito il forno di mattoni d'argilla. Poi con pazienza lo aveva smontato e rimontato sul fondo dell'imbarcazione per non dimenticare forma e misura. La superficie del mare si arricciò improvvisamente sotto una folata di vento più forte delle altre. La lunga imbarcazione sobbalzò violentemente, mentre il nocchiero cercava di allascare la vela, che piena di vento, non ne voleva sapere di scendere, ingavonando la prua nell'acqua.

Manovrò il timone in modo che la vela si allentasse leggermente per permettere agli uomini di portarla dalla parte opposta. Era un gioco di destrezza e abilità che metteva a dura prova le sue capacità di marinaio. Il vento cadde e poi riprese, a volte con folate infuriate che scendevano rantolando dai canaloni della ripida costa o improvvisamente dal mare aperto. La gran vela sbatteva, una fune si ruppe con uno schianto, la prua si infilò nell'incavo dell'onda imbarcando una gran quantità d'acqua che scomparve sotto il ponte. Il nocchiero si guardò alle spalle. La grande baia contornata dagli alberi era lì a poca distanza, di poppa, ma il vento spingeva la sua barca nella direzione opposta a quella che lui cercava disperatamente di far prendere per sfuggire a quell'insidia che aveva davanti. La vela, sotto la spinta di un vento oramai troppo teso, scardinò il pennone e precipitò sul ponte con gran botto. L'imbarcazione si mosse paurosamente prima da un lato poi dall'altro, sbandata, dondolando sull'acqua increspata. Il carico d'anfore nel suo ventre rotolò frantumandosi, aggiungendo il suo contenuto all'acqua di mare che in sentina gorgogliava paurosamente. Il liquido ora faceva violentemente sbandare l'imbarcazione che sospinta dal vento appoggiava il suo fianco sul mare prima da una parte poi dall'altra aggiungendo acqua ad acqua.

Lucius urlò all'equipaggio di mettersi ai remi e di vogare verso l'insenatura dove la superficie del mare era pressoché immobile. La pesante imbarcazione, con il mare che oramai sfiorava il ponte, girò su se stessa come un sughero e lentamente si diresse verso il riparo, pur vicino ma troppo lontano per le forze che rimanevano nelle braccia dei vogatori. Lentamente il ponte dell'imbarcazione arrivò al livello del mare. Ad ogni ondata l'acqua passava da una parte all'altra entrando da ogni fessura, sconnessione e portelli. Il livello salì inesorabilmente fino a quando gli uomini si trovarono con le gambe completamente immerse nell'acqua. Infine un'onda più alta delle altre passò incurante sul ponte della pesante imbarcazione e spazzò a mare uomini e cose.

Sandro portò il battello sulla batimetrica dei cinquanta metri. Non aveva bisogno dello strumento per sapere dove si trovava. Scrutò la costa dell'isola alle sue spalle per individuare i punti di riferimento che si era preso nelle precedenti uscite. Il mare, limpido in quest'ultimo scorcio d'estate, era mosso da lunghe onde effetto di una burrasca che si era sviluppata nella costa orientale della Corsica. Il relitto, o meglio quella strana forma che aveva rinvenuto sul fondo, si trovava a suo dire oltre lo scalino dei cinquanta metri, una sorta di pianoro che corre ad un miglio dalla costa isolana in modo irregolare. Sabbia nient'altro che sabbia.

Ma quel salto tra cinquanta e sessanta spesso formava una parete argillosa ricca di pesce e di qualche altro segreto. Franco a prua, in bilico con l'agilità del marinaio professionista, teneva pronta una pesante ancora a cui per sicurezza ne aveva aggiunto un'altra. Non c'era tempo per provare. Una bombola con erogatore era già in acqua agganciata con un cima a bordo. Altre due cime piombate erano state filate ai fianchi della barca. Sandro seduto su un lato, pronto a lasciarsi andare. Quando collimati i punti sulla costa, avrebbe avvertito di mollare, l'ancora doveva filare veloce verso al fondo, il motore si sarebbe spento, e noi dietro altrimenti la barca scarrocciando ci avrebbe portato altrove.

Cosa c'era laggiù sulla sabbia? Non era riuscito a spiegarmelo? Mattoni diceva, un cumulo di mattoni. E che ci fanno dei mattoni a sessanta metri di profondità?

"Veramente – mi disse prima di lasciare la banchina del porto - ci sono anche dei cocci".

Eravamo lì per un'occhiata rapida di pochi minuti, come accadeva sempre, per poi raccontare all'architetto quello che avevamo visto. Vai! gridò Sandro nel vento teso che ora ci investiva in pieno oramai privi della protezione di Monte Capo. La barca presa di traverso fu sospinta rapidamente verso il largo, sbatacchiata da onde nervose. Mi lasciai cadere in acqua tenendo la mia fune ben stretta in mano. Il rischio di allontanarsi dalla barca con quel vento e quella corrente era di non poterla più raggiungere. Poi vidi lo spumeggiare delle bolle degli altri due e me li ritrovai davanti.

L'ancora aveva toccato il fondo. Franco aveva la cima tra le mani e ne sentiva la forza di trazione. Mollò la fune e si diresse verso il fondo assieme al compagno.

Si vedeva il fondo a sessanta metri. Non potevo credere ai miei occhi. Meglio così, pensai. Eravamo d'accordo che sarei rimasto ad una quota superiore proprio per avere una visione dall'alto e risparmiare un po' d'aria. Avrei lasciato quella quota per risalire quando avessi giudicato il momento di farlo. Se avessi notato qualcosa di particolare sarei sceso sulla sabbia anch'io.

Sandro, seguito da Franco nella sua brillante muta gialla, era oramai piccolo sotto di me. Non può essere già l'ubriacatura, pensai controllando la profondità. Loro erano già sulla sabbia e seguivano una rotta costituita da minute macchie scure che punteggiavano il fondale. Sembrava quasi che quel percorso lo conoscessero da tempo, tanto erano rapidi nello spostarsi seguendo una via che sembrava tracciata. Mollai aria dal giubbetto e scesi di quota lentamente, quando vidi sulla sabbia, decine di metri davanti a loro, una forma quadrata dai contorni netti che per tonalità si staccava dal colore omogeneo del fondale. Scesi a perpendicolo sopra quello strano disegno, mentre i due vi erano già sopra. L'aria che usciva dall'erogatore era densa, i movimenti più difficoltosi. I cinquanta erano già stati superati da un pezzo e la lancetta del manometro indicava quanta poca aria ancora vi era nella bombola. Dalla posizione in cui mi trovavo, qualche metro più in alto, quella strana forma sembrava un cumulo di mattoni caduto sul fondo del mare che qualche nave aveva perduto lasciandone intatta l'aspetto. Gli nuotai sopra osservando quel perimetro dai lati apparentemente uguali. Poi capii che se volevo vederla in modo adeguato dovevo scendere al suo livello anche se questo costava aria, preziosissima per il ritorno. Mi adagiai sul pianoro sabbioso leggermente in discesa. Trattenni il respiro per un momento emozionante perché capii che quello non poteva essere un semplice cumulo di mattoni. Il computer lampeggiava: indicava meno sessantaquattro metri. Davanti a me si ergeva una tozza piramide di mattoni, che avrebbe potuto avere un'altezza di circa quattro metri. Dato incerto da calcolare ad occhio a quella profondità, quando le sensazioni cambiano ed il cervello, inebriato, fornisce parametri distorti.

I mattoni erano accatastati l'uno sull'altro in modo abbastanza regolare alla base per poi perdere l'ordine originale più in alto e divenire un ammasso informe e sgretolato.

Ma cosa ci poteva fare una sorta di piramide di mattoni a sessantaquattro metri di profondità, a più di un miglio dalla costa dell'isola, nel deserto più completo?

Mi guardai attorno per cercare gli altri due. Si erano defilati e spariti chissà dove. Non era certo il caso di andarli a cercare. Loro se la sapevano cavare molto bene.

Raccolsi una di quelle formelle di cotto e risalii di quota. Dalla forma e dal tipo di materiale risultava evidente che non era recente, anzi. Lo misi nella tasca del giubbetto e cercando di non consumare inutile aria iniziai l'ascesa verso la superficie. Sandro apparve dal turchese dell'acqua seguito da Franco. Stavano risalendo anche loro e Sandro aveva in mano un frammento scuro.

Nella lenta ascesa tenevo lo sguardo fisso sul fondo per cercare di sfruttare quell'incredibile trasparenza. Forse c'era l'opportunità di poter osservare qualcosa d'altro. Nulla. Solo sabbia finché questa non si confuse con il colore dell'acqua e non fu più visibile. La barca sbatteva violentemente di prua sulle onde che si accanivano con inusitata violenza.

Aveva fatto la ruota: ora si trovava lontano dal punto in cui ci eravamo fermati, sei sette metri sotto la superficie. Non potevamo uscire a cercarla e così l'unica soluzione fu quella di cominciare a girare lentamente in tondo cercando di mantenere la quota prevista per la decompressione. Fu una fastidiosa tappa di decompressione in mezzo al mare ed una stancante nuotata per raggiungere il bordo della barca dopo che Franco l'aveva individuata. Il vento fischiava increspando la superficie del mare. Arrivava da dietro l'isola, la superava e si rigettava a capofitto in basso colpendoci allo scoperto.

Nessuno fiatò. Sandro riaccese il motore e mise prua al mare. Franco girò la catena sull'avvolgiancora che gracchiando recuperò rapidamente. Il peso delle due ancore faceva abbassare la prua pericolosamente tanto che le onde entravano in barca. Se vi fosse stato un intoppo avrebbe mollato tutto in mare ed in previsione di questo, lasciando il porto, aveva sistemato una lunga sagola con un galleggiante sul terminale della catena.

Poi, libera, la barca schizzò verso terra tra buffi di schiuma. Sandro la stava dirigendo il più possibile sotto costa prima di riprendere la rotta verso il porto in acque piatte e tranquille.

Raccolsi il frammento d'anfora dal gavone. Piccola, di forma elegante, di colore crema con due piccoli bracci non troppo arcuati. Il resto s'intuiva. Forse adatta a contenere del liquido.

Vicino al collo due fili scuri correvano paralleli. Nessun altro disegno, scritta o incisione. Un prodotto per uso comune come se ne trovano tanti. Utile solo per datare il resto del materiale ammesso che appartenesse ad un unico naufragio.

Sandro aveva raccolto il frammento a ponente della piramide seguendo una labile traccia di cocci nella sabbia che, nella parte verso il mare aperto, non vi erano.

La nave, sul punto di affondare nella rada di Porto Vecchio, fu sospinta verso il mare aperto dallo stesso vento teso che aveva spinto la nostra imbarcazione. I marinai a bordo cercarono di contrastare le folate che, scendendo dalla costa, si abbattevano sul mare sollevando onde che spingevano l'imbarcazione sempre più verso il largo. L'acqua aveva invaso la sentina rendendola ingovernabile.

Quando si riempì calò lentamente sul fondo, appesantita dal carico affastellato proprio al centro, per andarsi ad appoggiare probabilmente nella sua naturale posizione di navigazione. Mare, correnti e le reti a strascico degli ultimi decenni hanno lasciato solo quello strano cumulo dalla forma originale. Che nessuno riuscirà mai a capire cosa sia o a chi appartenne.

Figura 30—Dipinto in nero su un vaso attico raffigurante la fucina di Efesto. 6° secolo a.C.

CAPRAIA ISOLA

9. Via Francesco Guerrazzi

Per la stradina che conduce al Castello di San Giorgio, che domina il paese, vi è posta una targa, che in pochi si soffermano a leggere. Ricorda un celebre personaggio ed uno strano avvenimento che lo lega all'isola, accaduto nel 1856, e si riconduce ad uno ancora più straordinario avvenuto nei primi anni del 1840.

L'iscrizione sulla targa di marmo è molto vaga.

Dice: nell'ottobre del 1856 profugo dalla Corsica, qui ebbe asilo F.D.Guerrazzi illustre letterato livornese - Stefano Cuneo Q.R.P 1890. * Francesco Domenico Guerrazzi * era molto di più di un illustre letterato. Per non compromettersi troppo visti i tempi ballerini ed i continui cambi di re e governi, Stefano Cuneo, ed i responsabili comunali, preferì ricordarlo ai posteri come uno scrittore. Guerrazzi lo fu, ma fu anche qualcosa d'altro.

Nasce come avvocato in Livorno dove ha un suo studio con una buona clientela. Ma è anche un sovversivo agli occhi della polizia politica del Granduca. È di idee liberali, conosce Mazzini, ma non lo segue, così come non segue le idee della Giovane Italia o la Carboneria.

Frequenta circoli politici ed in breve diventa un pericoloso attivista contrario al governo toscano tanto che viene perseguito in continuazione dalla polizia che lo tiene sotto controllo giorno e notte. Viene messo in

carcere più volte ma torna bene o male sempre in libertà e continua sia a scrivere sia a professare la sua attività di avvocato. È noto nei circoli letterari liberali degli altri regni italici e nei salotti dove si discute di politica.

La rivoluzione di Parigi nel marzo 1848 diede l'innesco a tutti i liberali europei di insorgere. Anche in Italia contro i governi locali. A Venezia Daniele Manin riuscì a cacciare gli austriaci, a Milano, il 18 marzo, un giorno dopo gli avvenimenti di Venezia, il popolo insorto, diede vita alle Cinque Giornate di Milano.

Carlo Alberto, Re di Sardegna il 23 marzo, varcava il confine verso il Lombardo Veneto per far la guerra agli austriaci, guerra che perse a Custoza e che lo condusse nell'agosto del '48 all'armistizio. A Roma nel novembre Pio IX fuggì a Gaeta e nel febbraio successivo Mazzini, Armellini e Saffi diedero vita alla Repubblica Romana. Il Granduca di Toscana autorizzò un governo di democratici e socialisti presieduto da Francesco Guerrazzi che più tardi divenne un proprio e vero dittatore.

Restaurato il Granducato, con l'armistizio di Villafranca nel 1859, Guerrazzi fu spedito all'Elba in cella e da qui trasferito al Maschio di Volterra da dove uscì con la pena commutata in esilio e con il permesso di Napoleone III andò in Corsica dove trovò moltissimi dei suoi antichi compagni.

Ma la nostalgia per la sua terra che nelle giornate chiare si intravedeva all'orizzonte lo incalzava a fuggire con il rischio di essere preso e mandato alla forca.

Aiutato da vecchi ed influenti amici, tra cui l'armatore genovese Rubattino, dopo lunghe trattative ebbe da Cavour, a cui faceva comodo avere un simile illustre patriota tra le sue fila, un passaporto sardo intestato a lui ed alla famiglia.

Ma quanto era stato fatto per ottenerlo non era passato inosservato alla polizia còrsa.

Fu avvertito dal Prefetto in persona che conoscendo le sue mosse gli disse chiaro e tondo che in caso avesse in animo un tentativo di fuga sarebbe stato obbligato a rinchiuderlo in carcere.

Guerrazzi non si lasciò intimidire e riuscì a mettersi in contatto con un suo concittadino che commerciava carbone con una modesta imbarcazione. Costui lo avrebbe caricato sulla barca travestito da mozzo e condotto a Genova, dov'era abitualmente diretto. Sporco e lacero, mimetizzato con la polvere di carbone, Guerrazzi eluse la stretta sorveglianza della polizia filando attraverso i tetti e correndo a perdifiato lungo i sentieri della costa fino ad una baia in cui il commerciante lo attendeva.

Era il 28 settembre 1856. Una fredda nottata autunnale. La barca era piccola e lurida, nessuno fiatava. Il pericolo di essere stati visti e catturati era possibile. Guerrazzi era febbricitante;nessuno badava a lui raggomitolato in un angolo in fondo all'imbarcazione.

Quando le prime luci dell'alba schiarirono il cielo il padrone della barca si accorse che stava navigando su una rotta sbagliata. La sua bussola si era guastata ed invece di dirigersi verso nord, verso Genova, era diretto verso l'Elba.

Non era più possibile tornare indietro, troppo rischioso. Per non mandare tutto a rotoli e finire lui stesso in galera propose all'illustre passeggero di dirigere la prua verso Capraia, dominio del Re di Sardegna. L'imbarcazione si diresse verso l'isola ma giunta sotto costa, il capitano si accorse che nella rada portuale vi erano soldati ovunque. Ebbe paura e per non finire nei guai non sapendo bene come stavano le cose voltò la prua e si mise a costeggiare l'isola ad una certa distanza sbarcando il Guerrazzi presso la cala dello Zurletto. Quindi fece vela il più rapidamente possibile verso Livorno. L'avvocato, sporco, lacero ed impaurito, risalì la ripida scarpata fino a giungere su un piano da dove si vedevano le case del paese. Purtroppo mentre si apprestava a scendere verso il paese, si imbatté in una donna che pascolava le sue capre. Costei, trovandosi davanti all'improvviso un uomo conciato com'era l'avvocato, si mise a correre verso il paese urlando come una pazza che un brutto ceffo stava alla Petrera.

In poco tempo tutto il paese fu sottosopra. Sbarchi simili erano una sorta di consuetudine sull'isola. Il comandante del presidio si mise alla testa di un picchetto e seguito da mezzo paese si diresse verso la Petrera dove il Guerrazzi lo attendeva con il passaporto sardo in mano.

Condotto sotto scorta alla Fortezza, fu messo sotto stringente interrogatorio. Guerrazzi spiegò chi fosse, da dove venisse e cosa facesse sull'isola. Ma il comandate della guarnigione non aveva mai sentito parlare di tal personaggio. Mai aveva sentito dire che costui avesse scritto celebri romanzi. Illetterato com'era non poteva sapere di scrittori e romanzieri. Abbastanza seccato il Guerrazzi alla fine dichiarò di essere stato il dittatore della Toscana, cosa per altro vera, ed il comandate si agitò a tal punto che per l'avvocato le cose si misero subito molto male.

Ci fu una violenta discussione ma l'abilità oratoria del Guerrazzi, che era ben noto per questo nei tribunali toscani, ebbe il sopravvento sul povero comandate.

«Possibile che non ci sia una sola anima su quest'isola che non abbia a conoscenza il mio nome?» chiese oramai allo stremo.

Sì, forse qualcuno vi era che poteva sapere chi fosse costui.

Fu mandato a chiamare sua eccellenza il giudice Poggi, giovane raffinato e colto, che quando, in sua presenza, sentì proferire il suo nome, si inchinò emozionato.

Sapeva di trovarsi davanti allo scrittore più noto ed acclamato d'Italia. Così l'avvocato finì per essere ospite di Stefano Cuneo, un eminente personaggio dell'isola. Passò la maggior parte del suo tempo a scrivere tanto che terminò l'Asino, opera entrata nella nostra letteratura. I notabili dell'isola se lo contendevano, non si preoccupava più di tanto delle privazioni a cui era sottoposto e si sentiva come a casa sua malgrado "l'orrenda miseria di questa popolazione". Il 15 ottobre, un piroscafo della Rubattino, giunse in porto con l'ordine di imbarcarlo per portarlo a Genova. Fu una partenza molto commovente salutata da tutti gli abitanti.

Il 16 sera giunse a Genova dove ad attenderlo c'era il generale Lamarmora che lo accompagnò a Torino per un saluto al Re ed a Cavour. Compiuto quest'atto dovuto si stabilì fino al 1862 a Cornigliano (Genova) dove ricominciò a scrivere.

La fuga dalla Corsica con un passaporto sardo è la conseguenza di un aiuto molto particolare che il Guerrazzi fornì all'armatore genovese Rubattino nel 1842, aiuto che deve essere ancora compreso. Il 17 giugno 1841 a tre miglia da Capo Calvo, cinque da Longone - oggi Porto Azzurro, Isola d'Elba - affonda il Polluce, il miglior vapore della flotta De Luchi Rubattino di Genova. Da un mese sulla rotta Marsiglia, Genova, Livorno, Civitavecchia, Napoli. Il naufragio avviene a causa dell'abbordaggio del Mongibello, nuovissimo piroscafo napoletano. L'urto procura una falla profonda sul fianco del Polluce che cola a picco in quindici minuti poco prima della mezzanotte.

Il fatto è molto grave. Rubattino pochi giorni dopo è a Livorno disperato. Cerca aiuti per recuperare la sua nave e si rivolge anche al governo di Torino che rifiuta. Trova aiuto in Francia, e con una sorta di catenaria presa a Tolone, con il permesso della Marina Militare francese, due mesi dopo riesce con un'opera colossale ad imbracare il suo vascello a 103 metri di profondità e a farlo salire in superficie. Durante un secondo tentativo, il relitto ricade sul fondo ed è impossibile ogni altro tentativo di recupero.

Rubattino intenta un processo ai Vapori Napoletani. Pur avendo a disposizione una dozzina di avvocati tra cui un paio francesi e quello personale della regina d'Inghilterra si mette in contatto fin da subito con il Guerrazzi che conosce come patriota, filo carbonaro, di cui sa benissimo la sua oratoria e le sue capacità.

Gli scritti dell'avvocato sono noti nel salotto della Bianca de

Simone Rebizzo, amante del Rubattino, e moglie del suo socio Lazzaro Rebizzo.

Guerrazzi diventa l'avvocato che lo difende nel processo che, iniziato nel 1841, termina nel 1846. Riesce tra l'altro a far rimanere il processo a Livorno in un periodo in cui non esistevano leggi sulla navigazione e sovranità sulle acque.

Fu un processo talmente importante che fu seguito da tutta Europa. Rubattino non ebbe alcun risarcimento in denaro ma gli produsse una fama che lo ripagherà per molti anni a venire.

La storia di questo naufragio si perse, come mille altre, negli annali della storia della marineria. I biografi di Rubattino, divenuto celebre per aver ceduto in modo molto ambiguo le navi ai Mille di Garibaldi, citano la perdita del Polluce come un semplice affondamento. Si verrà a sapere solo nel 2002 che il nuovissimo piroscafo della compagnia di navigazione genovese trasportava un tesoro di immenso valore. Oltre ad oro in quantità e gioielli, aveva a bordo 170 mila monete d'oro ed argento.

Nel gennaio del 2000 un gruppo di pirati moderni, italiani ed inglesi, erano riusciti gabbando le autorità italiane, a depredare il relitto asportando una parte dei preziosi, poi confiscati dai Carabinieri Tutela Patrimonio di Firenze.

Il Polluce, che si nascondeva sotto la leggenda della nave di Ferdinando IV di Borbone, nave che aveva a bordo anche una carrozza d'oro, era uno dei più preziosi relitti del Mediterraneo, unico nel suo genere. Malgrado le lunghe ricerche storiche, le indagini di polizia, il processo ai moderni pirati che lo hanno saccheggiato*, non si è mai saputo quanto vi fosse a bordo di quel piroscafo perché non sono ancora state individuate le lettere che Rubattino si scambiò con Guerrazzi, nascoste chissà dove oppure andate perdute. Se l'avvocato riuscì nell'impresa di battere i potenti avvocati napoletani, guidati dal famoso Barone Poerio, celebre anche alla corte borbonica, doveva ben sapere cosa stesse facendo. E quindi sapeva bene quale fosse il carico per cui Rubattino tentò la disperata impresa di recupero. Che gli costò 270 mila lire piemontesi, oltre la metà del costo effettivo del vapore. Sulla scorta delle carte processuali, delle lettere tra Rubattino e la Simona Rebizzo, e seguendo un filo logico, si può comprendere come tra l'armatore e l'avvocato si sia instaurato un patto di ferro, tanto che anche nelle sue "memorie difensive" il giurista non cita mai il valore perduto dal piroscafo.

È assai improbabile che non lo conoscesse, ma mai ne fece cenno. Forse quest'atto, forse l'onestà con cui ha combattuto in tribunale, e non solo l'appartenere alla schiera dei liberali, gli valse la possibilità, approdato sul suolo del Regno piemontese, di poter tornare libero.

* Il Tesoro del Polluce, Magenes Ed, Milano (E.Cappelletti - G. Mirto), racconta l'intera vicenda del naufragio e del saccheggio da parte di moderni pirati dei valori trasportati dal vapore. Il reale contentuo prezioso, sconosciuto, non è mai stato trovato.

Nota

La targa fu posta nel 1890 su indicazione di Alete Cionini, giunto alla Capraia nel febbraio del 1884 come comandate del 60° fanteria. Cionini fu il primo a scrivere la storia di Capraia. Durante il suo soggiorno sull'isola si indignò con le autorità comunali perché si erano dimenticate del soggiorno del Guerrazzi. Solo dopo un suo scritto sulla Gazzetta Letteraria di Torino, pubblicato nel 1890, il comune decise di apporre la targa ricordo.

Nota

Guerrazzi, Francesco Domenico (Livorno 1804 - Cecina, Livorno 1873), scrittore e uomo politico italiano. Si laureò nel 1825, in giurisprudenza a Pisa e si dedicò all'avvocatura con lo stesso spirito appassionato e ribelle che aveva caratterizzato la sua giovinezza. Affiliatosi alla Giovine Italia, fondò il giornale "L'indicatore livornese", portavoce delle sue idee che gli costarono il confino a Montepulciano (1830) e il carcere a Portoferraio sino al 1834.
Fu triumviro nel governo provvisorio a Firenze durante i moti risorgimentali del 1848, ma al ritorno del granduca fu condannato all'ergastolo, pena commutata-

gli nell'esilio in Corsica dove rimase
sino al 1856. Eletto deputato nel 1860,
fu un fiero oppositore della politica
della destra.

Dopo le Stanze alla memoria di Lord
Byron, versi in ottave scritti a seguito
di un loro incontro nel 1824, e due
infelici tragedie, Priamo (1826) e I
bianchi e i neri (1827), apparve il suo
primo romanzo storico La Battaglia di
Benevento (1827), di immediato suc-
cesso. L'enfasi lirica, l'orrore, la con-
templazione patetica, l'allegoria storica, l'invettiva politica costituiscono gli
elementi caratteristici di questo e dei
suoi successivi romanzi: L'assedio di
Firenze (1836), La Duchessa di San Giuliano (1838), poi intitolato Veronica Cybo,
Beatrice Cenci (1853), Pasquale Paoli (1860), Paolo Pelliccioni (1864), Il destino
(1869). Oltre ai romanzi scrisse l'apologo La Serpicina, pubblicato nel 1847, e il
racconto I nuovi Tartufi (1847) che, assieme a L'asino (1857) e Il buco nel muro
(1862), testimoniano la vena satirica di Guerrazzi. Si ricordano inoltre le Memorie
(1848) e le Lettere raccolte da Carducci nel 1882, oltre al romanzo Il secolo che
fu pubblicato postumo nel 1885.

10. Naufragio d'osso

Il gozzo di Franco andava e veniva come un traghetto ad orari fissi. Si era inventato questa occupazione, nei mesi estivi, che lo teneva impegnato durante le ore in cui non era a bordo del peschereccio del padre, ponzese vecchia maniera. Traghettava i turisti dal porticciolo verso la spiaggia sassosa di Cala Mortola. Un piccolo paradiso naturale, dove, anche il 15 d'agosto, si sentiva solo il rumore del mare che sciabordava sulla riva. Chi sbarca a Capraia, e non lo sa, non è al corrente che non ci sono spiagge ma solo scogli e sassi. I rari luoghi accessibili si raggiungono con lunghe scarpinate sotto al sole prima di ottenere la pace che quest'isola riesce ad offrire.

Il servizio improvvisato offerto da Franco era dunque unico.

Non aveva cartelli o avvisi lungo al porto che invitavano i turisti. La voce passava di bocca in bocca ed i passanti che chiedevano erano indirizzati a lui, spesso al Bar Massimo, allora l'unico antistante l'approdo. Nel tipico stretto tono toscano, pur essendo di genitori ponzesi, indicava il gozzo dondolante ancorato con una cimetta lungo il pennello del porto sotto il fanale verde.

Curioso e sempre onnipresente, spesso si infervorava nelle discussioni spontanee che nascevano presso il centro o in ogni altro punto della breve strada che dal traghetto giungeva fino dove un antelucano autobus blu sostava per accogliere chi non se la sentiva di percorrere i seicento metri dell'unica strada che porta in paese. Dimenticandosi spesso, nel tardo pomeriggio, dei turisti che lo attendevano a Cala Mortola ormai nel cono d'ombra dei monti sovrastanti che facevano sparire il sole, prima che in altri punti. Allora lo vedevi correre verso il gozzo, saltarvi dentro con gran piede marino, far partire a tutta birra il diesel che lanciava fumate bluastre e spingeva la prua nell'acqua alzando spume bianche.

- C'è uno strano sasso bianco, grande incavato - mi spiegò un giorno che era rimasto a fare il bagno da quelle parti con una maschera sul viso. Mortola, come Porto Vecchio, era stata saccheggiata dalle ditte che avevano costruito i porti lungo al Toscana. Da quel tratto di costa, fino al 1986 sotto la tutela della colonia penale, si estraevano enormi blocchi di pietra.

- Sarà marmo, ne abbiamo pur trovato piccoli esempi altrove. Forse un carico antico. -

- Ma è incavato, come un sedile, è enorme. -

Non ci volle molto al traghettatore a convincerci a seguirlo.

La pietra bianca emergeva dalla sabbia chiara ad un metro di profondità. Con la forma di una sella di cavallo, ma molto grande. Nei pressi altre pietre bianche spuntavano dalla rena. La chiazzavano qua e là. Liscia al tatto, non aveva punti di appiglio levigata com'era dal movimento delle onde. Un vero mistero. Il materiale era poroso, consistente. Quell'estate una nuova misteriosa scoperta si era aggiunta alle altre. All'apparenza il grande sasso bianco poteva essere qualunque cosa: marmo eroso, una statua consunta, un'ara funeraria, un semplice blocco. Ma c'erano quelli più piccoli che impensierivano perché alcuni erano di forma circolare e sporgevano dal terreno a distanze ben precise.

Bisognava ripulirlo dalla sabbia circostante e portare a terra un frammento per poterlo esaminare. Non vi era altra soluzione.Muniti di palloni da sollevamento, funi, ganci e bombole partimmo per la spedizione alle due di un caldo pomeriggio estivo. Il momento di stanca in cui tutti dormivano all'ombra dei pergolati ed in giro non c'era anima viva. Cominciammo a scavare attorno all'oggetto per cercare un punto di appiglio. Poi imbrigliato con una fune, bloccata da nodi che Franco con le sue grosse mani da pescatore riusciva a fare, lo spostammo con la forza del motore della barca.In acqua più alta gli fu applicato un pallone da sollevamento che riempimmo di aria. Così arrivammo in porto dove sulla banchina deserta l'architetto ci stava aspettando. L'oggetto misterioso non era pesante malgrado avesse una lunghezza di oltre un paio di metri. A forza di braccia fu sbarcato davanti al suo museo.

L'architetto lo osservò a lungo mentre l'acqua gorgogliando usciva dalle cavità. Non disse nulla per un paio di minuti. Poi ci guardò sorridendo.

- Come scoperta è interessante. Bisognerebbe capire come è arrivata fin qui. -

- Un naufragio? -

- Non credo. Una balena non naufraga, caso mai affoga. -

- Una cosa? -

- Balena – confermò sorridendo.

Si chinò per osservare da sotto quello che era un osso.

- Questo è l'osso di un cetaceo paragonabile a quello delle spalle. Lo si denota dalla forma. -

Franco cominciò a saltare scompisciandosi dal ridere.

Preso anche lui dalla malattia dei ritrovamenti misteriosi rideva del suo e nostro errore.

- Be' ora che facciamo. Lo ributtiamo in mare - chiesi.

- Assolutamente no. Meglio che andiate a verificare se gli altri "sassi" sono vertebre che spuntano dalla sabbia o altri parti ossee del cetaceo. Questo lo mettiamo qui. È comunque un'attrattiva interessante - rispose andando verso il museo ed indicando dove il muro creava una rientranza.

Lo sistemammo in quel punto, puntellato da pietre in modo che no si rovesciasse. Boccanera affisse un cartello: osso scapolare di cetaceo.

Com'era finita una balena a Cala Mortola? Quando era affogata? Quanti anni aveva? Domande rimaste senza risposta perché per chiarire questo piccolo mistero avremmo dovuto far esaminare una scaglia di quell'osso ad un esperto in materia. E di sicuro non ne valeva la pena. Oggi sappiamo ad esempio che le balene sono presenti anche nelle acque di Capraia. Il triangolo compreso tra Corsica, costa ligure e francese è un luogo frequentato dai cetacei, Santuario dal 1999. Gli avvistamenti di balenottere, stenelle, grampi ed altri mammiferi della medesima specie sono frequenti ed è quindi possibile che una balenottera comune * si sia andata a spiaggiare decenni prima sulla sabbia di Cala Mortola.

Per qualche tempo l'osso fece bella mostra di sé.

Un giorno il cartello scomparve e vi trovammo seduti sopra alcuni turisti che nell'angolo ombroso cercavano un po' di refrigerio dalla calura estiva. Le sue cavità divennero prima posacenere poi luogo dove mettere il vassoio di cartone della pizzetta o la lattina di alluminio della birra. Poi com'era arrivato il mastodontico osso scomparve e di lui non si seppe più nulla. E neppure chi l'aveva rimosso. Probabilmente la balena di cala Mortola vivrà solo nella leggenda.

Balenottera comune (*Balaenoptera physalus*)
E' uno dei più grandi animali conosciuti: la femmina, più grande, può raggiungere i 27 metri di lunghezza ed un peso di 80 tonnellate. Le balenottere comuni sono le più veloci tra i grandi Misticeti, che possono arrivare a raggiungere e superare i 20 nodi (37 km). Una caratteristica che la rende inconfondibile è la colorazione della mascella assimetrica: la parte sinistra è scura, mentre la destra è bianca. Cetaceo pelagico, vive in mare aperto in acque profonde. Nel Mediterraneo è osservata più abbondantemente nei bacini centrale ed occidentale, in particolare nel Mar Ligure occidentale. Necessita di circa 330 tonnellate di cibo annue, che viene rapidamente immagazzinato nel corso della stagione alimentare, come grasso sottocutaneo. Le strategie di caccia non prevedono collaborazioni di gruppo, né tecniche particolari di concentramento delle prede. Il cetaceo tende ad avvicinarsi velocemente al banco di pesci tenendo la bocca spalancata, in maniera da aumentare la capienza della regione golare, poi con la lingua preme e fa uscire l'acqua, mentre le prede vengono trattenute dai lunghi fanoni (possono arrivare a 90 cm di lunghezza). Il soffio della balenottera è generalmente alto e ritto, può essere visibile anche a grandi distanze.

11. Le colonne del Ceppo

Da terra non si nota. Ma, se si percorre il tratto di costa con un'imbarcazione, si vede chiaramente l'antico percorso usato fin da tempi remoti per raggiungere quella parte di isola dove hanno risieduto per secoli gli antichi abitanti dell'isola.

Superata la punta della Civitata, che si sporge alta e scura sul mare, si apre una baia ridossata ai venti settentrionali dove l'acqua è molto profonda fino a pochi metri da riva. Non vi è sabbia ma solo scogli e pietrisco.

Un luogo tra i preferiti per le immersioni, anche nella stagione invernale, quando con tramontana o ponente non si potrebbe andare altrove. La baia termina con un'altra lieve punta, il Ceppo, e nel mezzo si apre una fenditura che a guardarla bene si comprende essere un antico percorso. Ancora oggi, al Ceppo ci arrivano i bagnanti dopo un'abbondante camminata per godersi il silenzio e la pace che solo qui si può trovare, anche in piena estate.

Salendo dal Ceppo si arriva più rapidamente, non di sicuro agilmente, nella parte centrale dell'isola, il Piano, dove si sa per conoscenze storiche, che risedettero i primi abitanti e dove fu eretta la prima colonia romana. Era un luogo che poteva essere difeso dalle scorrerie, protetto dai venti, e dove i residenti potevano coltivare appezzamenti di terreno. Nelle vicinanze le mappe indicano fontanili. Contrariamente a quanto si possa pensare questa baia era dunque uno dei due approdi perché l'attuale ansa portuale era molto più rischiosa per il fondale basso.

In questo punto, al contrario, le navi potevano arrivare fino quasi a terra così come si può fare oggigiorno. Da qui le merci erano trasportate lungo il sentiero che s'inerpica fino al "Piano" e che prosegue fino alla torre dello Zenobito, posta sull'estrema punta meridionale dell'isola.

Probabilmente da questo sentiero passarono i Saraceni quando andavano all'attacco delle comunità isolane, i romani con le loro merci, i genovesi che stavano costruendo la torre di difesa, i còrsi all'attacco dei difensori.

Questo luogo era uno dei luoghi preferiti per le immersioni spesso al seguito dei gruppi che partendo dalla Civitata l'aggiravano verso nord per tornare con un percorso circolare a quote inferiori. Battuta da correnti alle volte anche molto sensibili, su questa punta si possono fare a seconda le stagioni incontri straordinari.

Lasciavamo che il gruppo si dirigesse verso nord, mentre noi si prendeva la strada opposta per muoversi a pochi metri di profondità costeggiando la piccola baia fino a raggiungere il Ceppo ed i suoi lastroni granitici sommersi.

Durante una di queste escursioni individuammo proprio all'altezza dell'imboccatura del sentiero una profonda crepa nella roccia. Dire una grotta è esagerato. Era più che altro una spaccatura profonda bloccata da alcune rocce scure.

Sulle prime non notammo il biancore che rifletteva dal profondo. Poi, osservando meglio, capimmo che quel biancore non era il riflesso di ciottoli o grosse pietre ma qualcosa di ben diverso. Non c'era modo di avvicinarsi più di tanto per via dei massi che ostacolavano l'ingresso ma anche dal punto dove eravamo pian piano mettemmo a fuoco i dettagli.

Erano grossi blocchi di marmo, tondeggianti, con le scanalature corrose ma ben visibili. Avevano un notevole diametro, forse settanta, ottanta centimetri, forse più. Impossibile a dirsi.

Per l'esattezza, ne scorgemmo due e sulla parte terminale di uno di questi c'era come uno spesso quadrello scuro in cui si scorgeva un ricciolo.

Colonne! Pensammo. Parti sbriciolate di due colonne, di quelle massicce che si vedono nei templi di architettura romana.

Ma perché qui? Perché non furono scaricate, se dovevano servire per ampliare le ville marine i cui resti sono stati rinvenuti sulle sponde del porto, laggiù? Bella domanda.

Che rimane insoluta, perché nessuno è in grado di formulare una soluzione. Forse quelle colonne sarebbero dovute andare altrove, forse al Piano. Questo percorso pur ripido è sempre molto più breve da quello che proviene, dopo aver attraversato il paese.

Impossibile individuare su quel fondo di grosse pietre tonde qualche altro elemento. Tornammo varie volte, a giorni alterni in questo luogo. Ogni volta, i frammenti delle colonne erano sempre più evidenti ai nostri occhi, impossibili per altro ad essere raggiunti.Boccanera, come sempre, ci fornì l'unica soluzione plausibile.

Quello, ci disse, era lo scalo ufficiale dell'isola per raggiungere il Piano, la parte dove gli abitanti risiedevano. Così, come l'ansa di Porto Vecchio, più a nord dell'attuale porto, era lo scalo ove si tiravano in secca tutte le navi che raggiungevano l'isola. Al Ceppo la nave poteva essere ancorata molto vicina a riva ed il suo prezioso carico di manufatti poteva essere agilmente trasbordato. Presso l'attuale porto il fondo sabbioso avrebbe fatto insabbiare l'imbarcazione e la modesta profondità dell'acqua avrebbe obbligato uno trasbordo difficoltoso per via della distanza dell'imbarcazione dalla riva. Individuare due colonne non si può considerare una grande scoperta però l'averle viste, proprio in quest'iso-

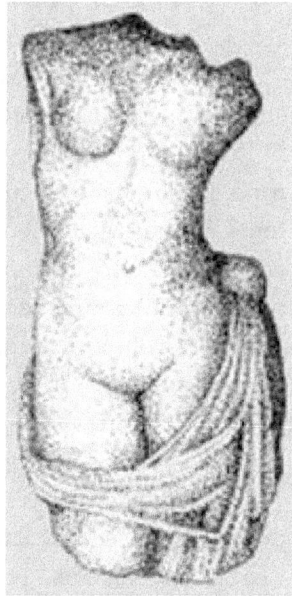

Parte di statua marmorea ritrovata in prossimità della rada portuale

97

la, ritenuta da sempre una sorta di luogo abbandonato fece un certo effetto. Pensammo che anche nell'antichità qualcuno aveva talmente amato questo luogo tanto da pensare di venirvi a risiedere magari anche per i pochi mesi estivi quando la calura delle città spingeva oltre le mura coloro che potevano permetterselo.

Ogni tanto negli anni si tornava al Ceppo per dare un'occhiata.

Incredibile a dirsi ma non riuscimmo più a trovare quella profonda crepa con le sue colonne. Chissà cos'era accaduto. Forse la roccia sovrastante aveva ceduto ed aveva celato per sempre quell'apertura oppure la violenza del mare le aveva ricoperte con ghiaia.

Le colonne del Ceppo fanno parte della leggenda isolana, un po' come un fatto curioso che accadde ad gruppo di pescatori mentre erano a pesca da queste parti.

Non siamo proprio al Ceppo ma ad alcune centinaia di metri più a sud, davanti alla "Punta del Zenobito".

La paranza che calava le reti nelle acque antistante la torre raccoglieva enormi quantità di pesci.

Durante una di queste cale, al contrario di molte altre volte, furono catturati solo alcuni chilogrammi di pesce azzurro, ma nella rete c'era una quantità di legno marcio ed una testa d'uomo barbuta, ricca di incrostazioni calcaree.

Si sa, i pescatori sono particolarmente sensibili alla scaramanzia. A bordo delle loro imbarcazioni si trovano crocifissi, corni fiammeggianti, santini di ogni genere e madonnine di plastica illuminate. Nel rientrare verso Piombino o chissà quale altro porto, dove avrebbero venduto il modesto bottino della giornata li colse a mezzo canale una violenta mareggiata. Il battello procedeva affondando la prua nelle onde, l'acqua sciabordava sul ponte e ben presto le cassette accatastate a poppa finirono in mare.

La situazione si stava mettendo male.

Qualcuno a bordo si ricordò della testa che, a suo dire, portava solo sfortuna. Senza neppure pensarci la prese e la buttò a mare.

Che ci si creda o meno, la tempesta si acquietò e paranza ed equipaggio furono salvi pur avendo perduto il frutto del loro lavoro.

Mesi dopo, sempre nel medesimo punto, sempre lo stesso peschereccio agguantò qualcosa di molto pesante. La rete fu salpata con molta fatica. Quando giunse sottobordo, mezza sbrindellata, gli esterrefatti i pescatori videro tra un'enorme quantità di pesce qualcosa di grande biancheggiare sul fondo del sacco: una pesante colonna. La rete formava un sacco ancora in parte sommerso ma aveva un peso eccessivo per la piccola imbarcazione. L'argano sollevò il sacco fin oltre il bordo della barca ma proprio nell'attimo in cui sarebbe stato deposto sul ponte si sfondò. Colonna e pesci scomparvero sott'acqua.

I brandelli della rete caddero vuoti sul ponte tra le maledizioni dei marinai ma tra le pieghe della sciabica fu trovato un braccio bronzeo. Non ci pensarono neppure un minuto. Il braccio fece un lungo arco nel cielo e toccò l'acqua con un gran schizzo.

Quel tratto di mare, molto pescoso, non ha allontanato i pescatori nonostante le dicerie.

Negli anni successivi c'era chi, fregandosene delle superstizioni, calava le reti ed oltre ai pesci tirava a bordo anfore romane e c'è chi giura di aver anche strappato al fondo del mare una statua di bronzo che naturalmente è rifinita in mare.*

Le reti pescano a fondo spesso a grandi profondità. A poche centinaia di metri dallo Zenobito il fondale raggiunge i 60, 80 metri e prosegue oltre i cento. Probabilmente, da qualche parte a profondità irraggiungibili per i sommozzatori sportivi c'è un relitto di una nave romana con il suo carico stravolto dalle reti.

A più riprese, mare permettendo, si andava da quelle parti. L'aria disponibile nelle bombole permetteva brevi puntate al massimo fino a cinquanta metri ed era necessario anche tenere in considerazione che la conformazione dello Zenobito funge come una prua immobile nella corrente. Era quindi possibile essere sospinti o da un parte o dall'altra e ritrovarsi in mezzo al blu da soli.

Una mattina d'agosto, senza un alito di vento, scoprimmo durante una discesa, ad una quota attorno ai trenta metri, un oggetto alquanto misterioso per noi ignoranti in materia. Su un costone che formava uno scalino negli anfratti giacevano piccoli frammenti di coccio marrone chiaro. Nel sollevare alcuni di questi cocci, la punta del coltello scheggiò qualcosa di più morbido della pietra. Spingendo la punta con una certa forza penetrava lasciando un segno chiaro e luminoso. Avevamo casualmente trovato un lastrone di piombo dello spessore di un paio di centimetri lungo non meno di cinquanta, incastrato verticalmente nella roccia.

Inequivocabile testimonianza di un carico caduto proprio in quel punto. Non ci fermammo a questo dettaglio e qualche immersione fu spesa sulla verticale di quel punto a profondità maggiori non rinvenendo mai nulla.

Le colonne che vedemmo tra gli scogli del Ceppo e quelle che una leggenda isolana raccontano essere state recuperate dal peschereccio rafforzano solo l'idea che questo luogo fosse lo scalo principale e che i "mercantili" romani vi giungessero con il loro carico di materiali pregiati e costosi. Non lo sapremo mai, fino a quando il mare non svelerà questo segreto grazie a qualche fortuito ritrovamento di un subacqueo troppo curioso.

Nota

Presso il Museo archeologico di Firenze vi sono alcune lucerne figurate con la raffigurazione della la Chiesa rappresentata sotto forma di nave guidata dagli apostoli Pietro e Paolo. Furono recuperate presso la Meloria nel 1873. Nello stesso specchio di mare sono stati rinvenuti nel 1722 quattro busti che rappresentano Omero, Eschilo, Sofocle e un personaggio non ancora identificato),
Uno dei pochi capolavori autentici della bronzistica greca è rappresentato dall'Apollo di Piombino. La statua, che si trova al museo del Louvre di Parigi, fu rinvenuta al largo di Baratti nel 1832, presso la Punta delle Tonnarelle.Sin dall'epoca del suo ritrovamento, l'Apollo ha alimentato complessi dibattiti tra gli esperti del settore, per stabilirne la scuola di provenienza ed una verosimile

datazione.Gli studiosi giudicano l'Apollo come opera greca degli inizi del V°
secolo a.c. o romana della prima età imperiale. È comunque considerato una
rielaborazione della statua di culto creata dallo scultore Kanachos di Sicione per
il tempio di Apollo Philesios a Mileto, intorno al 490 a.c., descritta da Plinio il
Vecchio.

Nota

Un'anfora d'argento fu recuperata casualmente nel
marzo del 1968, quando rimase impigliata nell'ancora
di una barca nel tratto di mare tra porto Baratti e San
Vincenzo.La modalità di ritrovamento non rese possibile individuare e recuperare il relitto sommerso cui
essa poteva appartenere e questa eccezionale testimonianza dell'artigianato tardoantico rimane oggi isolata
dal suo contesto archeologico. Essa può quindi essere
studiata solo alla luce delle sue caratteristiche
tipologiche, iconografiche e stilistiche, oggi ben
riconoscibili dopo l'accurato restauro cui il manufatto
è stato sottoposto.L'anfora, in argento quasi puro (94-
96%) è alta 61,5 cm., ha un diametro massimo di 35,45
cm. ed un peso di 7,563 kg, poteva contenere oltre 22 litri di vino. Alla fascia
sotto l'orlo si attaccavano in origine due anse, andate perdute, ma la cui posizione
può essere ricostruita sulla base dei segni lasciati dalle saldature degli attacchi.

CAPRAIA ISOLA

13. Il papa

- Qui sostò anche Papa Innocenzo IV durante una lunga navigazione. È scritto in questo libro ed in altri storici. - * L'architetto, come sempre, era una fonte inesauribile d'informazioni e conoscenza.Dalla sua alta e polverosa libreria, e dalla propria memoria di studioso e ricercatore, riusciva sempre a cavar fuori, come un prestigiatore, notizie nuove, vicende che avevano avuto come protagonista questo scoglio. Seduto nell'angolo dell'angusta bottega museo, a pochi metri dal mare, lessi rapidamente quelle annotazioni raccolte in un libro sulle vicende dei Papi dell'anno mille. In dettaglio, chi aveva riportato quel resoconto storico affermava che

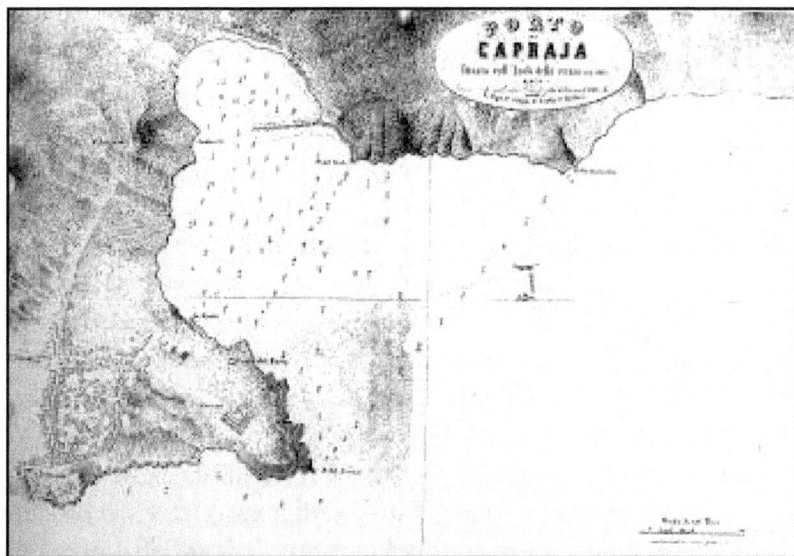

La rada naturale dove una volta si riparavano le navi prima della costruzione del molo e dell'attuale porticciolo

la flotta papale si era fermata al riparo dell'isola per paura di incontrare i "turchi" che infestavano il tratto tra le isole toscane e l'approdo laziale dove Innocenzo IV ed il seguito era diretto. La traversata era stata faticosa, il Papa aveva perso le forze, gli equipaggi erano stanchi. Così le galee* papali, quando spuntò dalle nebbie la gran roccia bruna, decisero di puntare la prua nella baia ritenuta sicura. E vi sostarono. Ma dove avrebbero potuto ancorarsi?

Riguardando una carta dell'isola del 1600, si poteva notare come l'ansa portuale avesse una sorta di riparo più arcuato verso l'interno compreso tra la torre a difesa della rada e l'attuale piattaforma di cemento che funge da approdo a mare per il residence che si trova sopra. Fino a quando non fu realizzato lo stradello che scende verso il mare, in quel punto un ripido sentiero passava a fianco ad una larga spaccatura nella roccia in cui una volta ci infilammo alla ricerca di reperti perché eravamo convinti che gli antichi abitanti del paese buttassero il quel cratere naturale avanzi di ogni genere.

Sinonimo di una tradizione centenaria fu anche l'aver notato che gli scarti delle pulizie dei giardini venivano gettati in quel contenitore naturale da dove erano usciti, guarda caso, frammenti di vetro di un intenso color blu cobalto che l'architetto aveva individuato e che giudicava appartenere a bicchieri del XVI, XVII secolo. La fenditura nella roccia era raggiungibile solo dal mare e quel breve tratto non era certo di grande interesse per i subacquei.

Considerando che una barca con poco pescaggio e di modesta lunghezza avrebbe potuto mettersi al riparo sotto quel tratto di roccia e tenendo a mente che in quel punto c'era una sorta di sentiero, probabilmente di antica data, che risaliva in paese, cominciammo a fare le prime immersione proprio in quel punto.

Il primo tratto di questo percorso è formato da alghe e sabbia, poi sostituite da pietre tonde di grossa dimensione. Visto dall'alto della strada che dal porto conduce in paese, l'ansa riflette incredibili sfumature di blu con una trasparenza davvero eccezionale. Ma quando si è in immersione tutto cambia. La trasparenza è molto inferiore ed il fondo non è così interessante.

L'ambiente era cupo, la trasparenza diminuita drasticamente, il fondo scendeva rapidamente ed era facile trovarsi sui trenta metri pur vicini alla parete lavica. Per chi è abituato alle immersioni nelle limpide acque di quest'isola questo luogo poteva essere ritenuto a ragion veduta una sorta di cloaca. Che, in effetti, non è mai stata. Forse il riflusso del mare, forse il fondale portuale, probabilmente la sabbia agitata dalle eliche del traghetto, aveva invaso questo tratto con un deposito melmoso che aveva precluso la possibilità alla flora di avere quell'aspetto esuberante che al solito conosce in tutto il resto dei fondali isolani.

Sotto quello spesso tappeto grigio, ciottoli e pietrisco si trovavano spaziati quel tanto a sufficienza da lasciare pozze di sabbia. Il primo indizio dell'improbabile ricerca lo notai da lontano e me lo fece individuare uno spirografo* dalle dimensioni particolarmente grandi. Ai piedi del suo lungo gambo c'era una piccola forma ricurva che illuminata dalla luce della torcia rivelò un colore rosso fuoco, la spugna che lo aveva completamente ricoperto.

Era indubbiamente un reperto antico, come scoprimmo con certezza una volta fuori dall'acqua, utensile caduto accidentalmente da bordo o buttato fuori bordo perché rotto ed inservibile.

Indice che in quei pressi qualche nave gettò l'ancora e che quel punto era conosciuto agli antichi navigatori perché offriva un ridosso sufficientemente sicuro.

Non poteva essere l'unica testimonianza presente. Era necessario scandagliare pazientemente quel modesto ridosso, tratto non più lungo di un paio di un centinaio di metri. In una decina d'immersioni lo passai tutto, prima da solo, poi come il solito, in compagnia. Questo tipo di ricerca richiede tempi lunghi e molto entusiasmo altrimenti dopo una decina di minuti ti viene meno voglia e volontà. I pochi ed inutili frammenti che ritrovammo, in più im-

mersioni, furono utili solo a tracciare un percorso abbastanza rela-
tivo nella storia. Se il piattino, forse di provenienza romana, aveva
con decisione denunciato la presenza di navigatori dell'Impero, altri piccoli frammenti indicavano che altre genti erano venute a get-

Uno spirografo (*Sabella spallanzanii*) con un piattino
che spunta dalla sabbia

tare l'ancora in questo modesto ridosso. All'apparenza sembravano biglie. Nel palmo della mano avevano l'aspetto di sfere di metallo, sette, otto millimetri di diametro un po' acciaccate. Si dimostrarono palle da moschetto ad avancarica, sparate da terra, verso un'imbarcazione che stava qua sotto. Ma da chi? Per difendersi da cosa? Non passò inosservato un frammento di tazza, o piatto, di colore giallo con striature verde pallido. Ceramica invetriata del XIV ° secolo, pisana o ligure, di cui l'architetto aveva disponibile, quasi intero, un piatto con un fitto motivo decorativo al centro. Che navi con ceramica preziosa gettassero le ancore in queste acque era noto, ed ancora più noto che vi siano affondate. Si racconta, perché nulla è certo, che un relitto integro si trovi a grande profondità fuori le Formiche, con un carico di ceramiche di

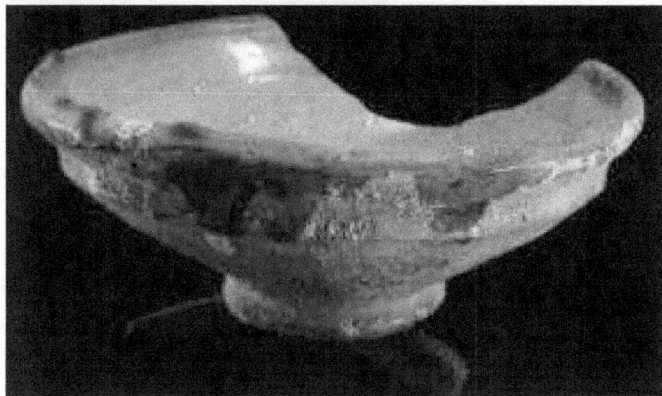

Sopra, frammento di piattp di ceramica sigillata aretina. A fianco Ciotola in ceramica smaltata di provenienza araba -sec X c.a.

Montelupo*, materiale di gran pregio. E si racconta, che tra la fine degli anni settanta ed i primi dell'ottanta, e per qualche anno dopo, il materiale che giace a circa 60 metri, nei fondali che danno verso Livorno, fosse prelevato solo su richiesta, e che il grosso fosse ancora laggiù, avvolto nella sua paglia d'imballaggio originale. Nulla da stupirsi se un frammento di questa superba ceramica poteva trovarsi nei pressi di un ancoraggio sfruttato per centinaia d'anni. Ogni frammento, piccolo o grande che fosse, era portato a terra.

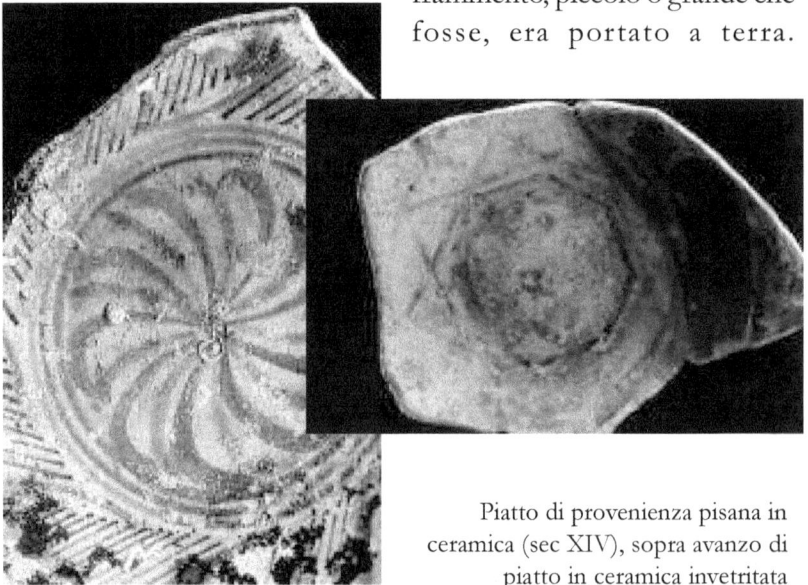

Piatto di provenienza pisana in ceramica (sec XIV), sopra avanzo di piatto in ceramica invetritata

L'architetto lo esaminava attentamente prima di riporlo a seconda i casi in contenitori diversi. Con quelle pietruzze, scaglie di ceramica, piccoli ferri arrugginiti, ci leggeva la storia dell'isola, un modo davvero inconsueto per conoscere il passato nella speranza che prima o poi li avrebbe messi in mostra in un futuro museo isolano. Mi rivelò, pochi giorni dopo che avevamo iniziato le immersioni sotto la torre, di possedere qualcosa di decisamente raro almeno per l'isola. Era un pezzo di ceramica, leggermente bombato, forse il fondo di un piatto, in cui era incisa una testa con elmo di inequivocabile tratto ellenistico. Greco, quindi, appartenuto agli antichi navigatori che la leggenda afferma diedero il nome Aegilon a quest'isola. Non lo trovò in mare, non sapeva andarci, ma a terra, in quella sorta di grotta ove la gente del paese ci gettava i rifiuti. Assieme a, davvero straordinario, due monete francesi in argento. Alla fine un frammento più grande degli altri ci cadde fra le mani. Il solito fondo di un piatto con un disegno semplice. Nella terracotta consunta dall'erosione rimanevano solo alcuni segni rettilinei disposti attorno ad un immaginario cerchio.

Angelo tralasì, quando lo consegnai. Assieme ad altre decine di frammenti raccolti nel retino sgocciolante. Era ciò che aveva sempre cercato per testimoniare che la flotta di Innocenzo IV aveva sostato nelle acque del porto. Quel frammento era una scoperta di un certo valore perché, secondo la sua ricerca, denunciava effettivamente la sosta del pontefice in acque isolane.

Oltre il promontorio della cala, su cui è sistemata la statua della Madonna, non vi era più nulla se non un fondo roccioso e pulito dove la vita riprendeva esuberante come altrove. Scendemmo a quote più basse scoprendo tre grandi ancore ammiragliato appoggiate sulla sabbia, incrostate. Ogni tanto quando il mare non permetteva immersioni, i subacquei vi andavano a scattare fotografie.Ancore da tonnara, diceva qualcuno. I vecchi pescatori locali non ricordavano nulla di ciò.

Ferri abbandonati, asseriva qualcun altro o avanzi di un naufragio recente. Nulla di tutto questo. Oltre vent'anni dopo, scoprimmo la verità su quelle tre grosse ancore. La Compagnia dei Pacchetti a Vapore De Luchi Rubattino, l'armatore genovese rimasto celebre nella storia per aver fornito le navi ai Mille, aveva una linea di navi nel 1840 che da Genova andava a Porto Torres e sostava a Capraia due volte il mese. Le tre ancore erano i corpi morti del piroscafo.

Per questo motivo nel raggio di decine e decine di metri non fu mai trovato alcunché che testimoniasse un naufragio. La memoria che l'isola fosse collegata da un servizio di traghetti si era persa e nessuno di noi prese mai in considerazione che Capraia non apparteneva al Granducato di Toscana. Solo ripassando la storia e rileggendo vecchie cronache e libri di navigazione, riuscimmo a risolvere anche questo piccolo mistero. Un altro invece rimase leggenda: una pesante pietra a spigolo vivo, lunga e stretta, che per tutta la sua lunghezza, tre metri, avevo disseppellito da sotto il fango. Non era un vero e proprio parallelepipedo, perché possedeva un'estremità rastremata. Una forma insolita: quasi trapezoidale, forse una colonna di granito squadrata, da usarsi per un portico di un'antica magione.

L'avevamo soprannominato l'obelisco, perché quello ricordava. Fu abbandonato al suo destino.

Gli ancoroni nel bel mezzo della rada portuale erano gli ancoraggi della nave a vapore che faceva servizio alla fine dell'800 sulla tratta Genova - Olbia

Nota

Galea, bastimento a remi lungo e sottile, due alberi (il maestro ed il trinchetto: il primo porta una vela quadra e tre latine; il secondo, una sola vela latina, che si può restringere per la terza parte in modo da avere il terzarolo. Il termine deriva dal greco pescespada, da cui ritrae le forme, l'agilità ed il rostro. Il remo, viceversa, è l'usuale forza motrice in ogni direzione.

Presente nel Mediterraneo dall' 800 al 1800 ha una lunghezza 50 metri, larghezza 7, altezza 3, pescaggio 2. In procinto di battersi, come le antiche triremi, la galea mette al coperto alberi e vele. Si dicono, inoltre, di Fiandra, di Londra, di Romania, di Alessandria ecc. secondo i viaggi cui sono destinate. Fra le galee si distin-

AN ADMIRAL'S GALLEY.
(*Furttenbach, Architectura Navalis,* 1629.)

guono le bastarde e le sensili o sottili. La differenziazione è dovuta alla forma della poppa: nelle prime, essa si presenta divisa come due spicchi d'aglio, nelle seconde è unita. Le prime vanno meglio a vela (hanno, peraltro, delle vele più grandi), le seconde si muovono meglio a remi. Ogni galea porta a bordo uno schifo o una feluca.

Nota

Innocenzo IV, nato Sinibaldo de Fieschi (ca. 1180/90 - 7 dicembre 1254), fu

Papa dal 1243 al 1254. Apparteneva a una delle principali famiglie di Genova e venne educato a Parma e a Bologna. Era ritenuto uno dei migliori canonisti dell'epoca.

Ebbe come immediato predecessore Papa Celestino IV, che regnò solo per diciassette giorni, e quindi gli eventi del pontificato di Innocenzo, in pratica, si collegano direttamente a quelli del regno di Gregorio IX. Sembra che fu in occasione dell'elezione di Innocenzo (28 giugno 1243), che Federico II disse di aver perso l'amicizia di un cardinale e guadagnato l'inimicizia di un Papa; la lettera che scrisse, comunque, esprimeva in termini rispettosi la speranza di poter raggiungere un accordo amichevole circa le differenze tra l'impero e la sede pontificia. I negoziati che iniziarono poco dopo con questo obiettivo si dimostrarono fallimentari, Federico non era in grado di mostrare sottomissione assoluta alle richieste che il Papa aveva avanzato.

Trovando insicura la sua posizione a Roma, Innocenzo si ritirò in segreto a Genova nell'estate del 1244, e da lì a Lione, dove convocò un concilio generale che si riunì nel 1245, che depose Federico e sciolse i suoi sudditi dal giuramento di fedeltà; infatti poiché il potere dell'imperatore derivava direttamente da Dio, se veniva scomunicato i sudditi non erano più obbligati a rispettare le sue leggi. L'agitazione causata in tutta Europa da questo atto, terminò solo con la morte dell'imperatore nel 1250, che permise al Papa di ritornare, prima a Perugia, e in seguito, nel 1253, a Roma.

Il resto della sua vita fu ampiamente dedicato a progetti per il rovesciamento di Manfredi, figlio naturale di Federico II, considerato da gran parte delle città e della nobiltà come successore naturale del padre. Fu sul suo letto di morte a Napoli che Innocenzo ebbe notizia della vittoria di Manfredi a Foggia, e si dice che gli eventi accelerarono la sua morte, avvenuta il 7 dicembre 1254.

I suoi studi diedero al mondo un Apparatus in quinque libros decretalium, considerato molto importante; ma a parte questo, Innocenzo IV è considerato un uomo di mentalità ristretta, la cui avarizia, codardia, astuzia e vendicatività, suggeriscono un forte contrasto con Innocenzo III, il cui carattere e la cui carriera, se la scelta del nome può essere presa come indicazione, egli sembrò aver ammirato e cercato di seguire. Ad Innocenzo IV successe Alessandro IV.

14. Piatti e piattini

Chissà se quell'imbellettato e profumato scalpellino di Populonia restituì a Svetonio i suoi sesterzi d'oro. La pietra con cui fare il suo monumento funebre era finita in mare e qualcuno l'avrebbe trovata solo duemila anni più tardi, accidentalmente.

Di sicuro, come quei marinai, altri finirono sbattuti sulla Secca delle Formiche, trappola che si protende non più di cinquecento metri dalla Teglia, il capo più settentrionale dell'isola.

Volendo scapolare la punta, il più possibile a ridosso, con mare e vento che spingono da nord ci si finisce dentro senza neppure accorgersene e gli indizi lasciati dagli antichi naviganti non sono pochi. Chiunque navighi attorno all'isola in questo ristretto punto non ci passa e non immagina neppure di passarci. Questo è il motivo per cui immaginiamo che gli antichi naviganti sospinti da un mare burrascoso cercassero di stringere più possibile la rotta per passare a poche decine di metri dalla roccia lavica per lasciarsi dietro il pericolo, attratti dalla tranquillità del mare che avevano davanti a loro. Molte volte ho potuto osservare un mare lungo, residuo di violente mareggiate, infuriare sulla secca sconvolta dalla spuma e sommersa dalle ondate azzurre. Appena al di qua il mare è tranquillo come un lago, ma è sufficiente uscire dalla protezione dell'alta scogliera per trovarsi in un ribollire d'onde. Immaginate quindi una povera imbarcazione di duemila anni fa sospinta da quel tipo di mare se non cercasse di stringere il più possibile per trovarsi a ridosso nelle acque pacifiche della Cala Mortola con un'insenatura a picco protetta dai 250 metri di Monte Scopa.

Con il livello del mare più basso, qual poteva essere duemila anni or sono, la secca, forse meno erosa di oggi, si doveva vedere bene.

Eppure tentavano la sorte per evitare forse di naufragare in un punto in cui il mare non avrebbe dato loro scampo. Le correnti li avrebbero trascinati al largo ed avrebbero fatto una brutta fine.

La speranza li accompagnava nell'attraversare la stretta sella verso la salvezza di acque più calme dove se anche fosse avvenuto il naufragio avrebbero potuto raggiungere a nuoto la riva e salvarsi. Quello che spesso, almeno negli anni ottanta, riuscivamo più che a vedere e ad immaginare nei fondali bassissimi a ridosso della secca erano resti di navi di epoche diverse e con carichi differenti che le correnti ed i venti avevano mischiato tra loro confondendo ogni traccia. Dall'andamento di quanto rimaneva, semisepolto, appariva proprio che se tutti i naufragi fossero avvenuti mentre l'imbarcazione navigava in direzione della Mortola perché i poveri resti sbriciolati si estendevano in quella direzione e mai in senso contrario.

Un indizio di poco conto se non altro utile per esaminare i fondali sabbiosi che partendo dalle posidonie e dalla ghiaia da pochi metri di profondità si estendevano paralleli alla costa su un fondale in leggera pendenza.

Da che fu individuata la grossa pietra squadrata con la parte superiore spiovente, il punto di partenza fu sempre quello lasciarsela alle spalle per nuotare fin oltre il tappeto luminescente di posidonie e giungere sulla sabbia granulosa e pesante presente sottocosta tutt'attorno all'isola.

Un percorso quasi obbligato, che permetteva però di arrivare con esattezza sempre al medesimo punto, una sorta di scalino frammentato che separava le due zone.

Modesta per profondità e per cose da vedere, non era certo il luogo preferito dai sub che ben altro avrebbero voluto incontrare.

La ghiaia era punteggiata spesso da minuti frammenti di "cotto" marrone chiaro molte volte ricoperti di concrezioni biancastre, lasciate da animali marini. Ma non vi fu mai qualcosa di evidente che dimostrasse almeno un naufragio.

Fino al giorno in cui girando attorno ad un grosso masso, isolato nella sabbia, a pochi metri dallo scalino, non notammo che questo aveva un foro circolare più o meno al centro. Sulle prime pensammo che fosse un agglomerato, poi osservandolo bene e da vicino, pulendolo dai ciuffi di gorgonie, svelò la sua forma originale: tre grossi orci affastellati assieme oramai aderenti al fondo.

Una nave era colata in quel punto, o nei paraggi, ed i suoi resti si erano sparpagliati in quell'area che correnti e maree avevano sminuzzato. Individuarli sarebbe stato impossibile, perchè quei tre grossi contenitori erano rimasti lì tanto a lungo da essersi concretizzati con il terreno circostante. Attorno non vi era altro e questo lasciava supporre che forse quei tre orci fossero stati gettati da bordo e galleggiando fossero finiti nel punto dove li trovammo. Non poteva essere così semplice.

Infatti non lo era, perché smuovendo la ghiaia questa ci rivelò che pochi centimetri sotto la superficie nascondeva gelosamente frammenti molto più consistenti. Il grosso della nave era in quel punto e lo rivelavano gli avanzi di piattini di ceramica nera che spaccati in più parti giacevano scomposti in un lungo tratto di fondale. Chissà dove poteva giacere il resto del carico?

Duemila anni di mareggiate avrebbero potuto disintegrarlo o farlo rotolare altrove se non addirittura seppellirlo sotto la sabbia dove per altre centinaia di anni hanno proliferato le posidonie.

Frugammo palmo palmo quel fondale, raccogliendo i piccoli resti che messi nelle cassette della frutta li riportammo a terra per consegnarli all'architetto che sognava il suo piccolo museo isolano. Passò un'intera stagione e ne venne un'altra. Capraia in estate sembra essere sospesa nella calura che evapora dal mare, molto spesso così immobile e trasparente da riflettere le nubi in cielo.

L'isola, seppur colma di ospiti, non è mai affollata. Nel pieno dell'agosto si può uscire dal porticciolo e non trovare più nessuno per mare se non qualche barca ancorata nelle calette più ridossate.

Lo sapevano anche i proprietari dell'imbarcazione che tutte le sere, al calare delle tenebre si ancorava un po' fuori il vecchio approdo della Grotta. Nessuno avrebbe fatto caso a loro ancorati assieme ad un'altra dozzina di imbarcazioni a vela che tradizionalmente la sera cercano un riparo sicuro proprio sotto la torre per lasciare l'ancoraggio la mattina presto e riprendere il mare.

Loro però avevano fatto caso all'andirivieni nostro e a quello delle imbarcazioni del centro immersioni che uscivano ad orari fissi. Sapevano che l'ultima rientrava tra le quattro e le cinque ed in caso di uscite notturne nessuno sarebbe andato verso la secca delle Formiche. Capitò che un pomeriggio tardi, a qualcuno di noi, inebetito dal sole di un pomeriggio afoso, venisse l'idea di andare proprio sulla secca per una breve escursione subacquea prima di cena.

Volendo accelerare i tempi non usammo l'immaginario sentiero che ben conoscevamo, ma ci buttammo ad occhio finendo sulla sabbia chiara. Come di solito capita si perde l'orientamento ed ognuno di noi andò per

Una parte di piatto di piccole dimensioni . La vernice nera si intravede sotto le incrostazioni

la propria strada. Persi nell'azzurro, a non più di dieci metri di profondità, invece di dirigersi verso terra andammo tutti verso il largo e poco dopo notammo dei paletti di legno piantati nella sabbia cui era attaccata una bottiglia di plastica trattenuta da una cima.

Tipici segnali che indicano la presenza di qualcosa sul fondo del mare. I galleggianti non erano visibili sulla superficie perché avrebbero attratto l'attenzione di qualcuno di passaggio che li avrebbe raccolti asportandoli. Sott'acqua nessuno li avrebbe visti ed i nostri amici li avrebbero ritrovati facilmente con una semplice serie di mire sulla costa. Sotto ad ogni paletto si nascondeva qualcosa, cosa non lo sapevamo, ma di sicuro qualcosa di archeologico.

Capimmo al volo cosa stava accadendo. Risalimmo sul gommone puntando diritti verso la costa per confondere la nostra sagoma con la costa frastagliata oramai in ombra. Da tre quattrocento metri di distanza non avrebbero potuto vederci. Quella sera non accadde alcunché; così in quella successiva. Ma al terzo appostamento, oramai all'ora di cena, vedemmo arrivare il battello che si ancorò proprio dove si trovavano i galleggianti. I subacquei discesero e scomparvero diretti a raccogliere il loro bottino, perché di questo si trattava, che giaceva sotto la sabbia. Rientrammo con il buio e dopo cena, facendo finta di essere uno dei tanti battellini che riportano i proprietari a bordo delle loro imbarcazioni, passammo sotto bordo alla loro barca. Le mute stavano stese a sgocciolare, le bombole ben allineate a poppa in una rastrelliera di metallo. Le luci spente, se non quella bianca in testa d'albero. L'appostamento riprese nel tardo pomeriggio del giorno dopo con uno in più sul gommone, un sottufficiale della Finanza che svolgeva le proprie mansioni sull'isola quando ancora c'era un simile ufficio. Lasciammo che la barca si ancorasse, che i sub andassero sott'acqua, poi a tutto gas ci avvicinammo ai nostri amici. L'imbarcazione batteva bandiera tedesca, il finanziere, in divisa, non poteva salire a bordo. Dall'unica persona rimasta a bordo furono passati i documenti: in regola.

117

Gegè, siculo doc, non poteva accettare di essere preso per i fondelli e così salì a bordo forse contravvenendo ai regolamenti. Nei gavoni della barca non trovò nulla. Evidentemente ogni sera scaricavano chissà dove il bottino per essere sempre puliti ad un possibile controllo. I subacquei avevano sentito e visto l'arrivo di un gommone e se ne stavano fermi sul fondo per risparmiare più aria possibile senza toccare nulla.

Lasciammo la fiancata della barca e filammo a terra nel nostro nascondiglio aspettando che gli uomini risalissero. Cosa che fecero, ma a mani vuote. Poi aspettammo ancora per vedere cosa avrebbero deciso. L'ancora fu salpata e la barca mise la prua verso il largo. Superò le secche virando a sinistra e si capì che stava dirigendosi verso capo Corso, territorio francese a sole diciassette miglia. La mattina dopo i paletti con i galleggianti non li trovammo più. Ma il carico di una nave ignota c'è ancora.

15. Sull'ancora del traghetto

Sono balle quando un subacqueo ti dice di non aver paura. Anche chi ha molta esperienza, alle volte, di fronte all'immensità e alla maestosità del mare, sente la bocca dello stomaco stringersi. Specie, quando sotto di sé, non ha che acqua. Senza riferimenti alcuni. Anche se la profondità è limitata a poche decine di metri, ma il fondo, per il suo colore scuro si amalgama con il blu cobalto dello spessore dell'acqua. Sapevo che sotto di me c'era sabbia a trenta metri di profondità, ma ogni volta c'era quel leggero intorpidimento provocato dalla mancanza di riferimenti o per meglio dire da una vaga paura. Poi il fondo si schiuse lentamente davanti al vetro della maschera. Prima bruno, poi grigio, poi chiaro. Uniforme, all'apparenza piatto. Solo quando fui sul fondo appoggiato con le ginocchia piantate nella sabbia fangosa sovrastato da un soffitto di ogni sfumatura di blu, immobile e trasparente, mi accorsi che il fondale non era omogeneo.

Completamente butterato da buche immense scendeva ricurvo come il dorso di una collina verso una profondità maggiore.

Sapevo cosa avrei voluto vedere, sapevo anche che non l'avrei visto. Si narrava, o così almeno era stata tramandata, una leggenda che una nave romana con un carico di anfore fosse affondata proprio all'imboccatura di questa stretta baia che altro non è che l'ormeggio naturale del traghetto rinforzato da un corto molo in cemento. Il traghetto da quando è in funzione esegue la manovra sempre nel medesimo modo. Lo spazio è talmente esiguo che quando arriva pur con l'abbrivio giunge a mettere la prua proprio contro la parete rocciosa che delimita la baia per poi dare "tutta forza indietro" ai motori e portare la poppa a tiro di banchina. L'ancora nel frattempo è già stata calata in acqua e facendo forza su questa si recuperano le grosse cime già inanellate sulle bitte del porto. Il traghetto si raddrizza fino a posare il pesante portello d'acciaio sulla banchina. Solo in due occasioni non esegue questa manovra. Con il grecale teso che si incunea nella piccola baia e lo sospinge verso il largo e con la tramontana che lo manderebbe in secca. In questi casi rimane al largo incrociando a ridosso dell'isola per far sbarcare i passeggeri. L'ancora che fila in mare è grossa, e possente, adatta ad un ancoraggio su sabbia. Quando la catena viene recuperata dal verricello lascia enormi tracce nella rena e il fondo della baia diventa simile al suolo lunare.

Era su quello che mi sembrava di stare. Solo enormi buche, simili a crateri: questo il desolante paesaggio nel quale non si vedeva neppure un pesce, una conchiglia o qualunque altra presenza di abitante marino. Mi sembrava di essere il primo ad essere arrivato in quel mondo desolato, monocolore, da cui mi aspettavo di vedere uscire chissà quale mostro marino. In queste situazione anche se sai che il sole brilla e la vita continua solo trenta metri sopra di te senti crescere uno strano timore che fa accelerare il ritmo del respiro e ti spinge fuori dall'acqua.

- Ma che ci vai a fare - mi domandarono in coro.

- Cerco il relitto - risposi convinto, bombola in spalla, mentre mi dirigevo tra la curiosità dei villeggianti verso il molo.

- Oh biscaro! 'un c'è nulla. Se non riesci a tornare a riva manda su un pallone. -

Grazie, pensai, almeno mi si evita la fatica di tornare indietro a nuoto con una bombola scarica sulle spalle.

Ridevo ora che la tensione provocata da quell'ambiente si era allentata. Guardandomi attorno scoprii che avevano ragione.

Cosa ci poteva essere là sotto, dove il traghetto tre volte e spesso anche quattro la settimana cala e trascina la sua pesante ancora sul fondo. Oramai c'ero e non volevo risalire anche se quel luogo era davvero troppo tetro e lugubre. Mi sollevai di qualche metro e cominciai a guardarmi attorno. La vidi da lontano. Spuntava per metà dalla sabbia e pure in buone condizioni. Quando lo rivoltai, mi resi conto che il bel collo munito di manici era spezzato dove l'anfora si allargava a formare l'ampia pancia. Un indizio non da poco su quel morbido suolo lunare bombardato di continuo da quell'immensa ancora che si scagliava come un missile verso il fondo.

Mi lasciai andare lungo la rotondità del dosso ed arrivai fin sul fondo dove qualche alga macchiava il fondale sabbioso. Poi tornai indietro. Prima piccoli frammenti poi altri sempre di maggior dimensione affioravano dalla sabbia. Nuotando controluce rasente la sabbia ora si vedevano benissimo. Avanzi triturati di una nave romana o chissà di quale altra "nazionalità". Colli, manici, anse, bordi, basi, tutto frantumato triturato.

L'indicazione che lì vi fosse un relitto proveniva da uno storico elbano che sulla scorta delle memorie dei pescatori riportò quella presenza. N'era particolarmente sicuro perché qualcuno, decenni prima, quando ancora la banchina del porto non era come la si vede oggi, aveva recuperato con le reti qualche frammento di grossa dimensione. I vapori postali che facevano scalo a Capraia a cominciare all'incirca dal 1840 non attraccavano alla banchina ma si ancoravano a corpi morti, grosse ancore, poste ad un centinaio di metri dall'ingresso della baia. Di quei pesanti ancoroni, che rappresentano una delle escursioni subacquee, non capimmo per anni a cosa potessero servire. Con la ricerca condotta sulla navigazione a vapore nel Regno Sardo si scoprì che esisteva un linea mensile diretta all'isola, che contrariamente a quanto si può pensare, non apparteneva come il resto dell'arcipelago al Granduca di Toscana ma al Re di Sardegna.

Poi fu istituito un servizio regolare e messa in linea una nave come quella attuale e per farla attraccare fu costruito una sorta di pennello in cemento.

Anche sapendolo le autorità all'epoca, parliamo degli anni cinquanta, sessanta, non avrebbero saputo fare uno scavo archeologico subacqueo di quel tipo. Non avevano i mezzi né le conoscenze tanto che il relitto della nave oneraria di Albenga, che si trovava nella medesima situazione, fu distrutto dall'uso indiscriminato della benna dei palombari dell'Artiglio, con la quale, su indicazione degli archeologi, cercarono di recuperare le anfore.

Con i cocci tra le mani, mi chiesi cosa avrebbe potuto offrire quel relitto che per secoli era stato in un luogo così riparato se non fosse andato distrutto dalle ancore del traghetto.

Si sarebbe potuta studiare la nave, la sua costruzione e capire molto sulla marineria romana ammesso che appartenesse a quell'epoca. I detriti apparivano sempre più numerosi. Bastava smuovere il primo velo di sabbia con il movimento del palmo della mano per vederli riaffiorare. Sabbia, fango e detriti. Come in un frullatore. Decine, centinaia di frammenti di ogni tipo e forma. La nave c'era stata davvero e non era leggenda. Era realtà di quelle che sulle isole si tacciono perché gli isolani sono bravi a tacere tutto ciò che può nuocere al loro immobile modo di vivere.

Si racconta anche, ma più che un racconto è una testimonianza di chi ricorda bene, che dal 1960 e per alcuni anni a seguire, tedeschi attrezzati di autorespiratori si fossero immersi nell'area antistante il porto e furono in grado di recuperare oggetti di notevole interesse. Di cosa si trattasse nessuno lo sa. I ben informati che ricordano l'operazione, parlano anche di un altro relitto, a quaranta metri di profondità, completamente intatto con la prua rivolta verso l'alto.

Dove possa essere non si sa. L'area davanti al porto è stata tutta scandagliata a vista e tranne alcune grosse ancore - che poi si è scoperto a cosa servissero - non vi è traccia alcuna di relitti moderni o antichi. Eppure si dice che i tedeschi l'abbiano visto e fotografata e per anni davanti agli occhi degli isolani che nulla sapevano di queste cose abbiano "trafugato" materiale archeologico. Che sia stato il relitto spianato dalle ancore del traghetto?

Oppure di un altro posto in un luogo ove non si pensa nemmeno lontanamente di andare ad indagare.

Mi rigirai i cocci tra le mani poi li lasciai andare.

La superficie lunare li accolse di nuovo nella sua sabbia polverizzata. Ero stato probabilmente il primo dopo duemila anni a maneggiare frammenti di otri, anfore e piatti.

O meglio quel che di loro rimaneva.

Uno dei mille resti sacrificati alla modernità.

Massì ! Le anfore sono l'equivalente delle bottiglie di plastica che tra duemila anni conserveranno dei musei di tutto il Pianeta. Che differenza fa? Nessuna. La differenza stava nel fatto che quel relitto denunciava il passaggio d'uomini antichi.

Capraria aquam Greci Aegilon dixere: i greci la chiamavano Aegilon, scriveva Plinio il Vecchio nella sua Naturalis Historiae. Nel 174 a.C. Serrano Attilio conquistò la Corsica e tutto l'arcipelago toscano e Capraia prese vita e divenne porto e scalo solo quando, nel 67 a.C. Gneo Publio, sconfisse definitivamente i pirati. Il Piano divenne sede di un villaggio ben lontano dal mare e difendibile. Sempre una leggenda isolana, perché anche di questo si vive sulle terre circondate dal mare, specie quelle piccole e lontane, fino all'inizio del secolo scorso si potevano scorgere resti di abitazioni romane nell'area pianeggiante nel bel mezzo dell'isola. Nel 1925 un ricercatore vi rinvenne monili e monete.

Ville e domus sontuose erano molto più vicine al mare addirittura nell'insenatura dell'attuale porto. Le navi in transito che provenivano dalla Spagna, con olio, ceramiche, schiavi, oro, stagno e piombo, ancoravano a Porto Vecchio o al Ceppo perché si vedeva bene la profondità. L'attuale porto era poco pratico, molto pericoloso per il fondale che si ergeva ripido fino a formare un basso fondo, in cui sfociava un torrentello. Il pallone rosso, gonfio d'aria sfrigolò verso la superficie lasciandosi dietro una scia di bollicine. Lo seguii lentamente, mentre la superficie "lunare" scompariva nel blu nero del fondo. Il sole era sceso da tempo dietro l'alto cornicione che chiude la piccola ansa. L'acqua non più illuminata si era scurita. Il fondo era scomparso. Uscii con la testa proprio al momento in cui il gommone del centro si stava avvicinando a tutto gas. Due possenti ruggiti risuonarono sopra la mia testa.

Dal ponte di comando del traghetto avevano visto spuntare un subacqueo nello specchio d'acqua dove la prua sarebbe arrivata di lì a pochi minuti. Tre colpi di sirena per avvertire di togliersi di mezzo. Saltai sul gommone con bombole e zavorra, aiutato da Franco che rideva come un matto. La bianca prua, alta sull'acqua, insensibile alla nostra presenza torreggiava oramai sul piccolo gommone grigio venendoci incontro con due baffi di schiuma.

Tre laceranti urli di sirena coprirono l'accelerazione del fuoribordo che spingeva il gommone oltre la prua verso la banchina.

- Hai visto. Non c'è nulla. Sei contento ora - mi disse con l'aria scanzonata Franco mentre spingeva la leva dell'acceleratore al massimo per sfuggire al traghetto incombente.

- Si ho visto. Vorrai dire che ora non c'è più niente. Ma che prima c'era. -

- Come dicevo io - rispose sorridendo sornione.

15. La piramide di Sandro

Rufus si abbatteva con tutto il suo peso sulla lunga pala del timone, ma la manovra non bastava a tenere l'imbarcazione lontano dall'alta costa dell'isola.

Schegge lucenti di lampi lontani la illuminavano tetramente e le onde bianche spumeggiavano, ruggendo, contro la base dello strapiombo. Il vento, dopo la pioggia ghiacciata, aveva ripreso con impeto, violento e a raffiche, ed il brandello di vela, che era stato ricucito dai suoi compagni esausti, si tendeva fino all'estremo facendo cigolare l'albero su cui era issato. I capelli bagnati sul viso gli confondevano la vista. Le gocce d'acqua salata gli avevano ormai gonfiato le palpebre. Continuare era penoso, ma il grande scoglio che gli si parava di fianco andava superato. Sapeva, per aver fatto altri viaggi, che dopo quell'enorme parete scura l'acqua sarebbe stata più calma ed il vento che spirava dalla parte del sole che calava lo avrebbe sospinto in una piccola cala riparata dove avrebbe anche trovato acqua dolce. Gli altri erano stesi sul fondo della gran barca, a sgottare con le conchiglie l'acqua che l'invadeva incessante. Un'onda più alta, bianca e spumeggiante, si erse sopra la prua e la barca con grande schianto scivolò rapida in quella che sembrava la sponda verticale di una collina nera.

Il mare passò sopra. Con perizia Rufus rimise la prua sulla sua rotta originale. Dal fondo dell'imbarcazione salì un lamento, poi un'imprecazione, poi una preghiera. Rufus abbassò la testa come a proteggersi contro gli elementi, le sue grandi mani nodose strinsero ancora più forte il lungo remo conficcato nel mare e per un attimo vide la fine della lunga parete lavica aprirsi su una pianura spumeggiante. Che il dio del mare sia generoso con noi, pensò.

Alzò il viso in alto, scotendo i capelli da un lato, come se volesse vederlo, il maledetto, che voleva le loro vite come pegno per placare la sua brutale forza.

Perché chiedeva tanto? Che male aveva fatto lui ed i suoi compagni, marinai di mestiere, commercianti per bisogno che non avevano mai tradito l'oracolo, né s'erano dimenticati delle offerte alle divinità del mare. Forse era il suo orgoglio di marinaio, che l'aveva portato a tanto, a sfidare il gran mare pur di arrivare per primo al villaggio. Dove, al mercato, sarebbe stato il primo a vendere le sue pregiate e uniche merci, acquistate con fatica sull'isola grande di là dall'orizzonte. Non era la prima volta che la sua imbarcazione, sebbene con equipaggi diversi, attraversava quel braccio di mare, anche quando il tempo, non buono per la navigazione, faceva ritirare le grandi navi sulla spiaggia davanti al villaggio.

In fin dei conti, pensò, sono un navigante, amo il mare e le tempeste, e non ho paura quando l'acqua si muove sospinta dai grandi venti che giungono dalla parte del sole che dorme. Conosco le stelle: mi guidano la notte. Il giorno è il sole che m'indica la via dell'andata e del ritorno. Perché temere? Una grossa anfora s'era crepata sotto gli urti violenti, le balle di pelli erano fradice, i sacchi con la polvere nera erano intrisi d'acqua di mare, la lunga imbarcazione cigolava sconquassata da marosi che spinti da un vento teso si abbattevano sulla fiancata. La vela esplose, lacerandosi nel mezzo. Un marinaio si lanciò sui brandelli rubandola al vento. Rufus prese un lungo remo e lo cacciò nell'acqua, imitato dagli altri. Con la forza della disperazione si misero a remare, urlando. La loro voce superava quella del vento e gli urli si modellarono su una canzone ritmata, cantata per accompagnare il battere della voga. Rufus lasciò il remo e aggrappandosi alla barra piegò ancora di più il timone. L'alta parete nera finiva ed uno squarcio improvviso nelle nubi, orlate di giallo, scoprirono una fetta di luna. Sul mare rischiarato da quell'improvvisa illuminazione, si intravidero due grossi scogli a punta, uno di fila all'altro, bianchi di spuma. Ogni volta che, navigando al ritorno dalla grande isola, passava su questa rotta sapeva che doveva superare quei due ostacoli a guardia della baia deserta per poi trovare conforto nella piccola isola dove avrebbe potuto cacciare e cibarsi indisturbato. Gli uomini con le corna, che la leggenda raccontava vi abitassero, erano solo capre selvatiche. Ma lui, il segreto lo teneva per sé. L'imbarcazione procedeva a rilento anche sotto lo sforzo dei remi. Pareva quasi che l'acqua scorresse contro, come nei torrenti del suo villaggio, e che invece di procedere lui fosse sospinto indietro. Sapeva di non potersi avventurare tra quei due muti guardiani di pietra e l'imponente parete dell'isola che li sovrastava. Racconti di altri marinai l'avevano avvertito che lì forse la sua barca avrebbe raschiato l'erba del fondo del mare e le divinità offese l'avrebbero ghermito. Bisognava superare quell'ostacolo, aggirarlo, come suo padre gli aveva insegnato, marinaio prima di lui, per poi procedere spedito verso la piccola insenatura sabbiosa. Rufus sentì che il vento, prima sul fianco, gli scompigliava i capelli nella nuca. Avvertì un cambio di direzione e si voltò a guardare il mare che ribolliva dietro la sua imbarcazione. Le raffiche non giungevano più dalla parte dove il sole s'inabissa nel mare. Lo straccio di vela riprese consistenza, la barca indugiò un attimo poi prese l'andatura sulle creste dell'onda mentre i compagni sollevavano sorpresi i remi dall'acqua. I due guardiani immobili passarono distanti e la barca sotto la pressione del timone iniziò una leggera sbandata per aggirarli. Ma lo scafo di legno non era governabile come il suo nocchiero avrebbe voluto. Il mare, ora divenuto fiume, spostava l'imbarcazione dove voleva ed a nulla valeva l'azione dei remi e del lungo timone. Pareva che una mano divina l'avesse afferrato da sotto e lo facesse girare come quei pezzettini di canna che Rufus da bambino gettava nel torrente facendoli preda dei mulinelli.

Le onde erano diminuite, l'acqua fluiva come un fiume. I suoi compagni erano tornati a sgottare acqua. L'imbarcazione sarebbe stata sospinta altrove in quel fiume nel mare, pensò Rufus. Forse la miglior cosa da fare era arrestare quella corsa gettando l'ultima ancora, di piccola dimensione, che aveva barattato sulla grande isola con frammenti di metallo. Saltò, barcollando, verso la parte opposta della barca e gettò a mare, la pietra tonda legata ad una lunga corda intrecciata. La pietra scomparve nell'oscurità del mare e poco dopo la corda si tese. L'imbarcazione fermò la sua corsa.

La stella luminosa bassa sul mare gli disse che il giorno era prossimo. Avrebbe atteso la luce, poi avrebbe deciso. La corda era tesa, l'ancora tonda di pietra aveva preso sul fondo del mare. Le onde si frangevano sulla prua invadendo la barca sempre più zuppa ed appesantita. Ora sgottavano tutti per tenerla a galla. Rufus sapeva che sarebbe stato impossibile, anche se l'oracolo gli aveva predetto che avrebbe rivisto casa sua, nel villaggio sulle dune sabbiose nei pressi del fiume. Una linea di luce schiarì l'orizzonte. I quattro, fradici e affranti si guardarono attorno per vedere i contorni maestosi dell'isola che tutti temevano per i suoi strani abitanti. Lontano, fra due alte pareti, si vedeva una baia coperta da alti alberi cupi. Avrebbero potuto tentare di raggiungerla tagliando la fune dell'ancora e remando con la residua forza rimasta nelle braccia. In quello stesso momento un'onda, più alta delle altre, si infranse sui due spuntoni di roccia con un boato ed investì con un'onda gigantesca l'imbarcazione. La prua si sollevò verso l'alto, strappando la fune dell'ancora. Poi ridiscese nel cavo dell'onda, sollevando la poppa fino ad oscurare il cielo. L'albero sotto il peso della vela fradicia si ruppe con uno schianto e si abbatté sugli uomini trascinando sartiame e vele. Rufus ed i compagni si gettarono a mare circondati da pochi e miseri relitti galleggianti sbattendo forsennatamente le gambe e le braccia così come avevano appreso nel fiume del villaggio nei loro giochi di ragazzi.

L'acqua era limpidissima. Solo una leggera turbolenza, provocata dal moto ondoso, non la rendeva perfetta come quella minerale.

Mi allontanai leggermente dall'imbarcazione ancorata a nord ovest della Secca delle Formiche, due scogli che emergono di poco e che indicano un basso fondale, a sella di cavallo molto pericoloso per la navigazione. Agguantai la cima dell'ancora e mi lasciai scivolare nel cristallo, a piedi in basso, per mantenere la posizione terrestre che spesso sott'acqua fa vedere le cose in modo diverso.

Apparente contraddizione, ma è così. Sandro mi seguiva, gli altri erano leggermente discostati da lui. Scendevo e le grandi rocce brune, laviche, salivano verso di me. Tra i grandi massi, buche di sabbia finissima e bianca disegnavano arabeschi. Inspirai più forte, per rallentare un attimo la corsa. Non volevo perdermi quel frammento di panorama che se anche torni nello stesso luogo non vedrai comunque mai uguale.

Sandro era già sul fondo, appoggiato delicatamente con la punta delle pinne su una roccia. Si riconosceva per la sua maschera trasparente e per i baffi che gli spuntavano da sotto, premuti in modo irreale contro il viso. Sorrideva, quando lo sorvolai senza fermarmi. Aveva già capito le mie intenzioni e mi lasciava giocare, concedendomi una sorta di privilegio unico.

Mi seguì con lo sguardo, mentre mi lasciavo scendere, quasi trattenendo il fiato, fin verso il fondo per toccare quella rena bianca. Girai su me stesso un paio di volte. L'aria che arrivava dall'erogatore era densa, colpa forse della quota che avevo raggiunto. Inspirai e risalii un poco; l'aria si fece più fluida.

Ero solo. Sandro ed il suo gruppo erano altrove e non vedevo neppure le tracce verticali delle bolle.

Solo, in quell'immensità come desideravo. Il fondale da dove emerge la Secca delle Formiche, due scogli sparuti che escono consunti fuori dell'acqua, è costituito da grandi pavimenti di lava, lisci e frammentati, che da pochi metri discendono verso il largo con un primo pianoro livellato che poi si inclina verso il basso per scendere a quote improbe. Dalla parte verso l'isola forma una sella di pochi metri di profondità dove le alghe prosperano in gran quantità bordate al limitare della corrente da sabbia dai granelli grossi e pesanti. L'acqua in questo punto spesso s'incrocia, correnti che vengono da due parti si scontrano oppure si abbinano formando piccoli fiumi che tendono a spingere il subacqueo a volte verso l'interno, spesso verso il mare aperto.

La trasparenza, caratteristica di tutto il mare che circonda l'isola delle capre, è sempre davvero eccezionale, inverno ed estate, unica rispetto alle altre parti dell'ampio arcipelago toscano di cui al limitare fa parte anche questo scoglio scuro. Non cercavo nulla di particolare, non si potrebbe alla profondità cui mi trovavo. Mi fidavo della fortuna, dell'esperienza nel leggere i ciottoli del fondo. Bisogna però essere costanti nell'osservare, nel guardare, nel toccare. Non si può correre, bisogna muoversi lenti e osservare attentamente il percorso che si sta facendo. Un grosso blocco scuro, affogato tra alghe attirò la mia attenzione. Lo tastai con la punta del coltello. Era duro e nero e rilasciò una piccola nube di polvere scura. Impossibile sapere che fosse. Indicava come in molte altre occasioni che questa secca era scrigno d'innumerevoli naufragi, impossibili ad elencarsi.

Proseguii tenendomi al coperto della grande sponda rocciosa che mi proteggeva dalla lieve corrente che dal mare aperto si dirigeva verso la costa. Da quell'angolazione non avevo un buon punto di osservazione, così decisi di lasciare quel costone riparato e di puntare diritto nella corrente sollevandomi di quota.

Volavo alto e scorgevo il fondo punteggiato di ciottoli rotondi coperti di erba giallognola che gli cresceva sopra.

Finii dall'altra parte dell'enorme parete, mentre Sandro sbucava controluce dalla spaccatura. Precedendo le sue bolle non l'avevo sentito arrivare. Mi fece segno che si stava dirigendo verso l'ancora e mi indicò la direzione. Ripetei il gesto, presi un punto di riferimento e conclusi il discorso privo di parole disegnando nell'acqua un semicerchio: avrei fatto un giro e sarei tornano al punto.

Niente? Mi chiese con un gesto inequivocabile. Niente, risposi. Lui sorrise. Gli occhi chiari erano ancora più grandi del solito. La sapeva lunga. Puntò il dito in basso verso la grande buca che avevo lasciato facendomi capire che avrei dovuto ritornarvi e forse avrei trovato qualcosa. Ridiscesi, lentamente, anche se il computer oramai aveva esaurito la scala e mi indicava che avrei dovuto fare, dopo, una sosta abbastanza lunga.

Era troppa l'attrazione di quel luogo ammantato di una tonalità chiara, intensa, dove i colori stagliano vividi ogni particolare della natura. È il colore del mare vivo, simile al colore di un buon vivo, al colore di un cielo terso, cose che ti fanno stare bene, ti fan sentire vivo e partecipe.

Piccoli blocchi di pietra squadrata si stagliavano sul fondo.

La quantità d'aria che rimaneva mi spinse contro voglia sulla strada del ritorno. Mi accorsi che l'ancora non stava dove pensavo. Avevo perduto il punto di riferimento per risalire. Vidi Sandro scendere dall'alto, mi si parò davanti e con il braccio teso mi fece segno se avevo visto. Che? Domandai.

Allargò le braccia facendo un tondo e disegnò all'interno un altro tondo. Un'ancora? Si, un'ancora. Dove? Laggiù.

Salimmo leggermente di quota per preservare un po' d'aria, poi, sulla verticale della spaccatura, Sandro discese a testa in giù. S'infilò nella spaccatura e ne uscì con un cerchio di pietra che posò sulla piattaforma per farmelo osservare.

Bello! Gesticolai. Non tentai di abbassarmi di quota perché tanto lui era già lì; che farci in due. Rimasi immobile, sospeso.

Lui armeggiò con la pietra, poi ripartì verso l'alto.

"Perché non l'hai presa?" mi chiese stupito, mentre facevo scivolare la maschera sul collo.

"Perché c'eri tu. Avevo poca aria, pensavo che l'avresti raccolta. Sapevi che c'era?"

"Non l'avevi vista? Pensavo che l'avessi trovata e che non t'interessasse. Mi hai fatto cenno di lasciarla lì".

"No! Ti ho indicato che non potevo più scendere. Non potevo più compensare. Santo cielo era una piccola ancora litica; tre, quattro mila anni avanti Cristo".

"Dai, sarà per la prossima volta" mi disse sorridendo mentre girava la chiave di avviamento.

Il motore eruttò una nuvola di fumo azzurro e la barca, con il mare gonfio a poppa, scivolò sulla corrente verso la baia. Quell'ancora antica è ancora laggiù, segnale inequivocabile di un naufragio.

16. La strana pietra

Svetonio uscì sul marciapiede. Alzò gli occhi al cielo, per controllare se veramente la pioggia che aveva battuto la città per tutta la mattinata fosse terminata. Il cielo era azzurro dalla parte dei monti, sul mare ancora una linea scura di nubi arruffate.

Chissà, con questo tempo, quando arriverà la nave, pensò.

Poi rientrò nell'ampia bottega che si affacciava sulla strada trafficata dove transitava qualunque mezzo che entrasse dalle due porte della città. Aiutò uno schiavo a sistemare un'anfora piena di vino sul banco ed a riporre in un angolo quella vuota. Oramai attendeva da un giorno all'altro che il carro venisse a raccogliere tutti i vuoti per trasportarli al porto dove avrebbe ricevuto dalla galea di Rocofonte un carico di vino fresco che proveniva da sud.

Era stanco di questa sua attività cui si era dedicato per molti anni avendo in cambio lauti guadagni. I passanti non si accorgevano che il vino era annacquato, neppure avevano il palato tanto fino da capire che era di scarsissima qualità, come quello che sarebbe arrivato a breve. Le campagne attorno a Populonia producevano vini pregiati ma costosi e lui non poteva applicare il ricarico che gli aveva fatto depositare nella buca sotto la fontanella un bel gruzzolo di sesterzi oro. Si era già costruito una piccola casa sulla collina su un terreno che la città gli aveva dato per il suo contributo come proconsole nelle legioni. Ora il suo sogno era di vendere la mescita e ritirarsi con Lavinia in campagna per campare l'ultimo periodo della sua vita allevando le adorate piante. Ma prima di tutto questo aveva ancora un desiderio; avere un sarcofago in pietra scolpita per essere ricordato dai suoi concittadini.

Senza dire nulla a Lavinia, un giorno uscì di soppiatto dalla bottega con la scusa di una commissione, arrivando fin fuori le mura dove parecchie botteghe di rumorosi scalpellini spalancavano le porte rivolte verso il mare. Si infilò dentro ad uno di questi antri bui dove risuonavano i martelli. All'anziano proprietario, che si presentò vestito di una corta tunica immacolata, ingioiellato come una prostituta, chiese, un po' impacciato per la domanda stessa e per gli effluvi aromatici che l'individuo rilasciava, come avrebbe fatto lui proconsole delle legioni romane Svetonio Gallico ad avere un sarcofago rispettabile in cui anche la moglie avrebbe potuto trovare posto. L'ometto con gran deferenza, non tanto per il titolo che si era sentito soffiare in faccia quanto per la prospettiva di un paio d'anni di lavoro, cominciò a spiegare come si doveva procedere per avere una simile scultura funeraria, di così gran pregio. Bisognava innanzi tutto scegliere un modello... e come può vedere proconsole or ora ne stanno scalpellando uno laggiù... gli disse accompagnandolo nel cortile dietro la bottega. Una volta fatto questo, cosa non semplice perché bisognava convocare il lapis magister, il disegnatore, il mastro scalpellino sceglieva la grandezza del blocco di pietra necessaria per elaborare il sarcofago. Quindi, si doveva scegliere il tipo di pietra con cui ricavare il monumento che avrebbe inciso sul prezzo finale. Marmo delle Apuane, no, troppo costoso e smaccatamente bianco. Travertino nemmeno, forse la migliore scelta era un blocco di granito di un bel colore grigio brillante. Svetonio approvò la scelta della pietra e accettò il disegno del suo monumento, dalle linee poco elaborate ma egualmente raffinate, che avrebbero fatto ricordare lui e sua moglie ai posteri. Il pesante blocco di pietra sarebbe stato comprato dallo scalpellino presso una cava in un'isola assai lontana ma con la quale aveva rapporti costanti ed intensi da tempo. Era sicuro, disse, che il cavatore non lo avrebbe tradito. Avrebbe mandato una tavoletta di cera con il disegno ed atteso, forse uno o anche due anni, quando una nave tornando dall'isola con poco carico avrebbe potuto trasportare la grossa ed ingombrante pietra. Una volta giunto allo scalo marittimo, trasportato in bottega con un paio di robusti buoi, il pesante monolite avrebbe dovuto essere tagliato in due parti, svuotato e successivamente elaborato con le decorazioni scelte. Un altro paio d'anni.

Fino al malaugurato giorno in cui il sarcofago non sarebbe servito, suggerì lo scalpellino, con un modesto sovrapprezzo, anche di vino, avrebbe potuto lasciarlo nel suo cortile.

Erano passati due anni dal giorno che aveva consegnato dieci sesterzi oro in anticipo a quell'imbellettato scalpellino. La pietra che aveva acquistato non era ancora giunta. Le navi approdavano solo nei mesi estivi. Lui non era un marinaio, sapeva però che solo in quel periodo il porto si riempiva di navi e marinai.

Svetonio preoccupato aveva dovuto parlarne con Lavinia. Contrariata da quell'iniziativa del marito sperava proprio che quella pietra non giungesse mai perché lei avrebbe preferito avere solo una piccola stele funeraria con il suo nome.

I cocci, nella terminologia dei subacquei, non sono solo frammenti di anfore o vasellame di argilla cotta, ma sono sinonimo di una possibile individuazione di un relitto. Il coccio è la prima cosa che si vede e un occhio esperto nota anche quelli piccoli come sassolini. Sono un indizio non indifferente perché forniscono immediatamente l'idea che in quel punto qualcosa sia caduto dall'alto della superficie marina e quindi possa ancora giacere, forse intatto, sotto la sabbia o tra le alghe. L'ottanta cavalli del gommone spingeva la barca ad oltre venti nodi ed in una quindicina di minuti Sandro con una secca virata la ancorò di fronte agli scoglie della secca. Tre metri d'acqua, immobile, trasparente come quella di un torrente di montagna. Il fondo di ghiaia con grosse buche di sabbia orlate da alghe. Seguo uno di questi orli mentre Sandro se la fila nelle alghe. Immagino che sappia dove andare. Non lo seguo, non mi piace cercare nell'erba, preferisco la sabbia, la ghiaia. Prima di scendere mi ha suggerito di tenere gli scogli alle spalle e di procedere con il sole in faccia in modo da arrivare in una pozza di sabbia. Per un po' tenni quella rotta poi deviai attratto da falsi richiami a destra e a sinistra. Passai sopra ad un grosso ceppo di alghe verdissime, poi ad alcune buche di sabbia bianchissima e proseguii verso il largo facendo segnare al mio computer la quota di otto metri. Ero assolutamente fuori rotta, stavo andando verso il mare aperto, avrei dovuto virare a sinistra per riportarmi lungo lo zoccolo tra sabbia ed alghe. Piccoli frammenti di cotto erano sparsi nella sabbia; bruni, lisci. Qualche pezzetto di forma convessa, panciuta, forse un avanzo di vaso, tazza o piatto. Altri neri, qualcuno, più raro, rosso, intenso, vivo. Vasellame. Tutto finito in fondo al mare. La nave ha sbattuto su quegli scogli. Poi nei secoli burrasche e mareggiate, scirocco, grecale e libeccio hanno riversato milioni di tonnellate d'acqua su questo scoglio disperdendo la fragile nave di legno e tutto quanto conteneva. I frammenti, rosicchiati dall'acqua, sono diventati alla fine granelli di sabbia. Di questo relitto sarà molto difficile trovare qualcosa, pensai, proprio quando Sandro, rasente alle alghe, stava sopraggiungendo facendo segni negativi: non aveva individuato nulla nelle alghe che di solito hanno la capacità di conservare con le grosse radici pezzi anche molto fragili.

Lui deviò davanti a me e proseguì vero il largo. La sua pinneggiata più ampia della mia lo fece scomparire alla vista in pochi minuti. Mi fermai. La sabbia era perfettamente pulita, le tracce erano terminate. Inutile proseguire. Mi inginocchiai e mi guardai attorno. Nulla. Poi mi voltai indietro osservando distrattamente il bordo alto delle alghe che formavano una frangia scura contro il chiarore dello sfondo marino. Notai che qualcosa spuntava da quel profilo sfrangiato, qualcosa che mi era sfuggito. Tornai indietro puntando sull'oggetto ma quando arrivai vicino vidi solo un grosso macigno macchiato di vegetazione incastrato come altri nella roccia vulcanica del fondo. Girai e rigirai attorno senza scoprire nulla e non convinto tornai da dove ero venuto. Mi stesi sul fondo e mi resi conto quasi subito che il masso grezzamente squadrato, del tutto simile ad un grosso parallelepipedo, aveva uno spigolo acuto, irregolare: la parte superiore che spuntava dalle alghe. Mi avvicinai e passai la mano sulla sua superficie grezza ed erosa: un monolite squadrato con la parte superiore spiovente. Sandro era dietro di me e rideva. Disegnai sulla sabbia con un dito la forma del masso. Lui scosse la testa a significare ... sei pazzo! A me dava tutta l'idea che quel blocco granitico fosse stato tagliato da mano umana e la spiovenza della parte superiore ricordava il tetto di una grossa cuccia per i cani.

- Ma ce ne sono migliaia così da queste parti - mi prevenì Sandro prima che potessi aprire bocca. La roccia è vulcanica, si spacca in questo modo e ti tradisce. -

Non avevo idea di cosa fosse quella pietra enorme. Fu sufficiente

La strana pietra svelò la sua esatta forma solo quando fu fotografata da una corretta angolazione. Altro non poteva essere che il monoblocco grezzo di quello che sarebbe divenuto un sarcofago

una breve visita nel museo più vicino, quello di Ravenna. All'ingresso capii cos'era la pietra. Il grezzo di un sarcofago, tagliato in una cava, forse in Corsica, imbarcato su una nave e spedito sulla costa per conto di qualche danaroso cliente.

- Maestro, è una pietra – rispose Sandro mentre cercavo di indurlo a farmi fare una breve immersione su quella pietra.

- Dai Sandro in mezz'ora te la cavi. Non devi scendere neppure in acqua. Faccio due scatti e torniamo. Alle due, quando non hai nessuno da portare fuori - .

Mi accontentò, lasciandomi cadere in acqua con la macchina fotografica pochi metri dalla grossa pietra. Tornai oltre le alghe e scattai a ripetizione un fotogramma dietro l'altro finché la pellicola non finì. Il pesante blocco di pietra grigia, e si vedeva benissimo, era il grezzo di un sarcofago, proprio come quelli che abbelliti da immagini e iscrizioni trovai non solo a Ravenna, ma a Populonia a Cerveteri ed in altre decine di luoghi.

Il ricco signore che l'aveva ordinato dovette accontentarsi sfortunatamente di farsi raccogliere le proprie ceneri in qualcosa di meno pomposo e duraturo.

17. Lo iotte

L'Aldebaran navigava rumorosamente lungo la sua rotta, lasciando dietro di sé una lunga striscia di spuma bianca. Ogni tanto qualche gabbiano si avvicinava, scendendo dalla sua quota d'osservazione, per mettersi sulla scia della barca. Poi con un colpo d'ala si rialzava leggero nello spazio blu del cielo. A bordo, i quattro dell'equipaggio si rilassavano dopo una giornata trascorsa in mare a pescare. Il bottino era stato buono, specie al traverso della Gorgona, dove alcune palamite avevano abboccato alle esche finte calate per la traina. Nella foschia della calura si intravedeva oltre Punta della Teglia, scura e massiccia sull'acqua blu cobalto, l'ansa del porto, il faro ed alcune delle case del paese. Da tempo immemorabile l'ansa funge da porto sicuro, ridossata a tutti i venti tranne al grecale, che s'insinua con folate basse nella gola del monte e rende insicura quella modesta rada.

A quindici nodi sarebbero arrivati entro un'ora. Sarebbero sbarcati, dopo una doccia, per godersi una cena da Beppone, noto per la sua cucina abbondante e ricca, da dove si poteva osservare, comodamente sistemati sulla veranda, l'andirivieni lungo la modesta banchina del porto. Non sei mai stata a Capraia? Vedrai, è uno scoglio, isolato e affascinante, aveva più volte detto all'amica la moglie dell'armatore, che aveva insistito per questa breve crociera di fine estate. Il dodici metri era partito dalle foci del Magra, dove normalmente era ormeggiato, per discendere la costa toscana fino all'altezza di Livorno e procedere poi verso le secche della Meloria. Il tempo era buono, le previsioni ottime, la decisione di andare a pesca nelle acque della Gorgona fu unanime ed i ruspanti diesel dell'imbarcazione, lenti ma sicuri, portarono il gruppo a quindici nodi di media ben oltre l'isola, fuori delle sue acque, al fine di non essere disturbati dalla motovedetta delle guardie penitenziarie che inesorabilmente si avventano su qualunque imbarcazione non rispetti le distanze previste dalla colonia penale.

Il tempo a pesca passò rapido tra una toccata e l'altra. Erano state calate quattro canne armate per prede di buone dimensioni, pesce di passo, carangidi, palamiti o tonnarelli. Dopo ore di posta senza alcun risultato decisero di cambiare sistema e di mettere pesci finti e procedere con una traina lenta lungo l'apparente movimento della corrente. Ci furono un paio di tocchi violenti, sicuri, che fecero piegare le canne verso l'acqua e dopo un lungo combattimenti due palamite argentee di buona dimensione caddero a paiolo. Oramai il sole era a pochi gradi dall'orizzonte. Navigare con il buio non era il migliore dei sistemi, anche se quell'ampio tratto di mare era libero da secche e scogli. Così la prua dell'Aldebaran fu rivolta verso la Capraia, che si stagliava grigia contro lo sfondo del cielo ancora azzurro. Quindici miglia sarebbero state percorse in circa un'ora, giusto il tempo per arrivare ad ormeggiare ancora con il chiaro. Il mare, calmo come olio, non frangeva neppure contro l'alta parete di Punta della Teglia e gli scogli delle Formiche sbucavano dall'acqua come due monoliti quando il dodici metri li superò, lasciandoli a dritta, per dirigersi a tutta forza verso il porticciolo. Già si intravedevano gli alberi delle barche a vela, ancorati in rada, uno a fianco all'altro. Questo faceva presupporre che presso la modesta banchina non vi fosse più nessun ormeggio disponibile.

Tutte le barche nei pressi dell'isola erano entrate in rada alla ricerca di un ormeggio, altre dirette verso i porti della Corsica o del basso Tirreno, avevano preferito sostare, più ammagliate da questo scoglio rossiccio, unico e raro, nel Tirreno settentrionale, dove non t'aspetti di trovare un luogo così isolato e selvaggio.

L'Aldebaran entro sicuro nel porto, ma dovette mettere i due motori in retromarcia come la prua superò il fanale rosso del piccolo molo. Le imbarcazioni, d'ogni tipo e genere, erano ammassate le une sulle altre, bordo contro bordo, ancora su ancora, in una piramide la cui punta giungeva fino a pochi metri dall'imboccatura del porticciolo. La barca girò con un'elegante manovra su se stessa e riprese la via da dove era giunta. Provò a fermarsi un attimo sulla testa del molo dove attracca il traghetto, ma un omino magro con una maglia a righe blu, cominciò ad urlare avvertendo che non avrebbero potuto ormeggiare.

La bettolina che trasportava l'acqua dolce sarebbe arrivata di lì a poco da Piombino ed avrebbe gettato le cime in banchina per poter rifornire d'acqua dolce l'isola, ancora sommersa da centinaia di turisti. L'Aldebaran diede gas ai motori, si spostò sobbalzando in avanti e procedette per alcune centinaia di metri sfiorando la costa verticale. Lo scandaglio indicava venti metri, fondo sabbioso. L'uomo al timone conosceva bene l'isola e questo punto; lo scoglio del Cavallo. Era forse il più propizio per un ancoraggio.

Il tempo era buono, le previsioni davano assenza di vento, se il mare avesse malauguratamente rinforzato, avrebbe avuto tutto il tempo per andare a ridossarsi sotto la Madonnina o dall'altra parte dell'isola. L'ancora trascinò con gran frastuono la catena fino a toccare la sabbia. L'Aldebaran si fermò quieto sull'acqua mentre il suo equipaggio si dava da fare per scendere a terra. Curiosità ed un profondo languore li spingeva verso il porto. Non vorrai mica conciarti in questo modo, qui a Capraia, disse sorridendo la padrona di casa all'amica che si era infilata un leggerissimo vestito di seta nera e due piccole scarpe argentee dai tacchi sottili. Sei bellissima, ma non è il caso, non siamo a Porto Cervo, spiegò infilandosi un leggero paio di bermuda ed una t-shirt dai colori sgargianti. Il canotto era stato filato a mare. Il motore da due cavalli ronfava, sputacchiando un sottile getto d'acqua fumante.

Tutto era pronto per lo sbarco, quando un cicalino sul pannello di comando dell'imbarcazione cominciò insistentemente a trillare.

Il canotto, afflosciato nell'acqua per il peso dell'equipaggio, invertì la rotta con un'ampia virata. Il comandante saltò a bordo, scavalcò tavolo e sedie del pozzetto e si precipitò verso il largo pannello degli strumenti dove una luce rossa lampeggiava.

Tutti i contatti elettrici erano stati staccati, le batterie isolate, le valvole del carburante chiuse. Perché quel suono?

Andò di corsa verso poppa, scaraventando sedie e tavolo da un lato, afferrò la maniglia del coperchio del pozzetto vano motore e l'aprì di getto. Una vampata di fumo e fiamme l'investì facendolo indietreggiare mentre fiammate rosse uscivano da quella bocca quadrata. Corse a prua verso l'angolo cucina, da sotto il lavello estrasse un estintore e diresse il getto della polvere biancastra all'interno del pozzetto. Poi di corsa tornò sui suoi passi ed afferrò, in una lotta contro il tempo, un altro estintore da sotto un ripostiglio e lo riversò alla cieca in un sol colpo all'interno del vano motore da dove fuoriusciva fumo acre e fiammate giallo arancio.

Qualcuno dal gommone urlò, acqua, acqua, ma lui sapeva bene che l'acqua non avrebbe dovuto essere usata. Le fiamme alimentate dall'ossigeno entrato d'un sol getto dal boccaporto avevano già divorato una parte della fiancata che stava cedendo crepitando sotto l'azione delle fiamme. L'imbarcazione s'inclinò, l'acqua stava entrando, il fuoco salì in coperta, da sotto il quadro controllo, mandando in fumo il vinile dei sedili. L'Aldebaran, pilotina di dodici metri in legno, conservato con cura per lunghi anni, aveva scelto di morire senza combattere. Il canotto sbatté violentemente sull'unico tratto di banchina libero, spazio riservato alla stazione di servizio. A quell'ora gli equipaggi delle barche ammassate in porto cenavano sulle tolde delle loro navi. Le porte del centro subacqueo, proprio di fronte, erano sbarrate. La stazione di servizio chiusa; il bar, aperto, senza alcun avventore. Il barista aveva abbandonato il bancone per dedicarsi al suo piatto di spaghetti. Nessuno fece caso ai quattro che si afferrarono ai parabordi della banchina chiedendo aiuto. Uno dei quattro aveva il viso sporco di fumo, le braccia nere ed i capelli bruciacchiati.

La barca, con perfetta manovra ormeggiò in banchina. Un paio di gasse sugli anelli e la fiancata della grossa imbarcazione bianca accostò contro i pneumatici della stazione di rifornimento.

Il tempo di fare il pieno di carburante dal benzinaio che aveva appena aperto, prendere un caffè al bar di fronte ed i tre personaggi, dopo essersi guardati per un po' intorno, ripresero la via del mare. Ma non fecero molta strada. Ancorarono appena scostati dallo scoglio del Cavallo. Il più anziano dei tre indossò una muta consunta che forse una volta doveva essere gialla. Si fece scivolare in testa un cappuccio rattoppato, infilò le braccia, aiutato dall'amico, negli spallacci di un vecchio bibombola segnato dalla ruggine e si passò oltre la testa un erogatore da museo.

Prese una torcia avvolta nel nastro isolante nero, un lungo coltello dalla punta piatta e si lasciò cadere nell'acqua cristallina con una capriola perfetta. I due, sulla barca, si sedettero sul bordo, in silenzio scrutando le bolle che eruttavano sulla superficie piatta del mare. Arriveremo a Livorno con il buio, disse uno mentre scrutava le bolle. Non fa nulla, rispose l'altro. Potremmo anche stare qui per stanotte, concluse. No meglio di no. A fare ché? Tutt'al più ci si ferma in Quercianella o a Vada. Il sub riemerse segnalato da un gran ribollire di bolle. Trovato? chiese uno dei due mentre prendeva coltello e torcia. Si, era dove mi era stato detto, rispose quell'altro. Incastrato sotto al cassetto della cabina piccola? Si, lì. Nessuno lo ha notato. Hanno sfasciato tutto, ma non hanno pensato a quel punto. Allungò al compagno, a bordo, un sacchetto di tela bianco. L'uomo lo prese, accompagnandolo con una mano sotto, a coppa. Poi lo poggiò sul tavolato del paiolo e svolse la cordicella che lo chiudeva. Rimboccò l'orlo del sacchetto ed uno ad uno tirò fuori i gioielli. Anelli, collane, spille. Anche una collana di perle bianche ed una con intreccio di corallo rosso. Giorgio sarà contento, disse l'uomo richiudendo il sacchetto che ripose in uno scomparto del pannello di guida. Più lei che lui, a dire il vero. Una cinquantina di milioni recuperati, rispose quell'altro. Chi avrebbe mai detto a distanza di tanto tempo che il sacchetto sarebbe stato ancora lì. "Vai, andiamocene, si va a festeggiare a Quercianella. Paga Giorgio". Il potente motoryacht alzò la prua sull'acqua e si diresse verso il mare aperto. Con i suoi trenta nodi avrebbe fatto mettere i piedi sotto al tavolo all'equipaggio in circa sessanta minuti.

L'acqua aveva il colore del cobalto liquido. Pochi metri sotto la sua superficie si notava già la piana sabbiosa venti metri più sotto. Sandro e Franco mi precedevano, un altro paio di sub seguiva con un'ingombrante cinepresa chiusa in una custodia trasparente.

Un relitto così vicino a costa? Ma da quando? Franco, che non capiva la mia domanda, mi guardava da sotto la sua chioma ricciuta che gli pendeva sulla fronte. Rideva con gli occhi. Quando lo faceva aveva in serbo qualche sorpresa. Di solito non parlava molto. Quel che sapeva lo teneva per se, specie quel che riguardava il mare, atavica tradizione dei pescatori che mai ti diranno dove sono andati a getter le loro reti. Ma sì, dai, te lo avevo detto che era calato a fondo uno "iotte", mi spiegò. "Bruciato, una sera, mai saputo come avvenne. Noi ci siamo andati subito sopra, avevano chiesto una mano per recuperare qualcosa, ma oramai tutto era zuppo, non c'era più nulla da fare". Lo iotte, toscanizzato di yacht, se ne stava poggiato sulla sabbia, leggermente sbandato a dritta con la prua rivolta verso terra. Si vedevano ancora molto bene i segni del fuoco che avevano divorato il vano motore e la fiancata che in seguito aveva ceduto. L'imbarcazione, vista nell'immensità di quel luogo, appariva piccola ed ancora più indifesa. I subacquei ci giravano attorno e quello con la telecamera si era avvicinato al pozzetto di prua dove alcune spugne avevano già fatto dimora. Il resto era conciato peggio che un relitto. Parti penzolanti, ancora attaccate allo scafo, ondeggiavano nella corrente. La ruota del timone era stata asportata, catena ed ancora divelte, oblò, luci di via, eliche; tutto asportato. Anche i cassetti erano stati divelti, i gavoni sfondati. Un macello. Mi sollevai dal fondo per osservare la scena dall'alto. Come girini i subacquei ruotavano attorno a quel povero pezzo dilegno che il tempo avrebbe completamente cancellato. Cercavano ancora qualcosa, spostavano tutto quel che rimaneva, ma oramai non si poteva proprio più fare nulla perché tutto era già stato fatto.

La novità del nuovo relitto passò presto e quel che rimaneva dell'Aldebaran fu dimenticato. Per sempre.

CAPRAIA ISOLA

18. La nave di Nelson

Il testo riportava espressamente "the Island of Cabrera". In quel documento datato 1800 era scritto in stampatello con caratteri chiari. Documento, parte della collezione del Naval Chronical – cronache navali – della Marina di Sua Maestà, è disponibile pubblicamente presso gli archivi londinesi del Marittime Museum di Greenwich, Londra. Che raccoglie la storia della marineria britannica con maniacale precisione fin da che la prima nave salpò dall'isola britannica per altri lidi.

L'isola di Cabrera sta alle Baleari a sud di Maiorca, maggiore di un minuscolo arcipelago dai nomi colorati. Non ha una storia particolare se non che fu un campo di reclusione napoleonico e dal 1916 dopo l'arrivo di un sommergibile austro ungarico divenne per ragioni di sicurezza territorio militare fino al 1980. Il suo nome deriva dal latino Capraia e questo fu il termine della confusione perché non si capiva come mai una nave da guerra inglese, importante, fosse affondata nei pressi di quelle coste quando il governo spagnolo non aveva rapporti per così dire "di buon vicinato" con gli inglesi. La nave, un possente veliero tre alberi, di prima classe armato con centodieci cannoni, sarebbe colato a picco in quelle acque.

Dipinto della Queen Charlotte in navigazione

147

Così sembrava dai documenti. La domanda successiva fu come mai nel giro dei moderni pirati o cercatori di tesori sommersi non si seppe mai del suo ritrovamento. Figuriamoci se i subacquei, che sono uguali in tutto il mondo, non avrebbero strombazzato ai quattro venti il ritrovamento di una nave simile. Tutta la documentazione menzionava sempre questa benedetta isola finché la fortuna, se così la si può chiamare, decise di darci una mano. In successive ricerche riuscimmo a trovare un diario breve e succinto di quanto veramente accadde. Uno dei marinai che scampò al naufragio – il carpentiere di bordo John Braid - aveva lasciato la sua testimonianza scritta per i Lords dell'Ammiragliato i quali avrebbero condotto successivamente un'indagine sulla perdita di una simile nave da guerra. Scrisse non più Cabrera ma *Cabrara*. Aggiungeva che il porto che avevano lasciato era Leghorn: Livorno.

L'isola non era né l'una né l'altra, le Baleri poco c'entravano, tutto si spostava nel triangolo dell'arcipelago toscano dove di sicuro era più facile acquisire le informazioni storiche per collocare quella nave all'interno della storia di quell'anno.

Il marinaio faceva un resoconto drammatico, conciso, in un inglese alle volte intraducibile dal quale si comprendeva cosa accadde. Ma non era possibile accertare e localizzare il fatto. Sulla scorta delle sue informazioni, nelle quali diceva espressamente di aver scritto il resoconto per i Signori Lords, pensammo che se il tribunale militare di Sua Maestà aveva dovuto prendere in esame il naufragio da qualche parte erano rimasti ben accatastati i documenti dell'inchiesta. Nel Naval Chronical di quell'anno trovammo l'intera documentazione del processo con allegato il rapporto di un ufficiale che ebbe il tempo di scrivere in diretta quanto stava accadendo, di consegnarlo ad un marinaio in una scialuppa prima di annegare nel mare di Capraia assieme ad altri 673 uomini tra equipaggio ed ufficiali. Naufragio riportato negli annali della Marina Britannica come uno dei maggiori disastri navali di tutte le epoche. Ciò che aveva causato l'errore iniziale nel cercare di individuare il relitto alle Baleari è stata la sua storia. Prima di entrare in Mediterraneo e mettersi agli ordini di Nelson, la Queen Charlotte, parte di una possente flotta di 14 navi da guerra, combatté il 23 giugno 1795 presso le coste francesi contro una flotta francese di 12 navi al comando dell'ammiraglio Louis Thomas Villaret de Joyeuse.

Nel leggere fu saltato il passo in cui si diceva che il luogo dello scontro era l'Ile de Groix nei pressi della costa atlantica della Francia. Per la cronaca gli inglesi catturarono tre navi ai francesi ma non li sconfissero e per questo l'ammiraglio Bridport fu molto criticato per il suo lassismo e per la mancanza di coraggio. Un secondo errore fu l'essersi persi dietro ad un'altra Queen Charlotte, nave da guerra inglese che portava il medesimo nome entrata però in servizio nel 1810. L'errore di non poco conto fu presto rettificato con la toscana Capraia – scritto Capraja - dopo aver letto la storia della marineria inglese e delle sue battaglie contro le forze rivoluzionarie francesi. Seguendo questo filone la storia insegna che Napoleone conquista mezza Italia, arriva fino in Toscana dove già la sorella "gestiva" il Principato di Piombino.

Gli inglesi poco gradiscono questa invasione. Da sempre hanno cercato di mettere mano al Mediterraneo e lasciarsi sfuggire le isole toscane sarebbe stato un grave smacco non solo sul piano politico. Una parte della flotta, dopo la battaglia francese, viene inviata nel Mare Nostrum e la possente Queen Charlotte lascia Spithhead il 20 novembre 1799 di scorta ad un convoglio diretto verso l'Asia. Nel Mediterraneo l'Ammiraglio Keith viene informato che i nemici stanno effettuando un blocco navale a Malta. La Queen Charlotte si ferma alla Valletta e partecipa all'azione.

Successivamente l'Ammiraglio Keith viene inviato da Nelson al nord con l'ordine di sbarcare a Livorno, porto trafficato, una sorta di libera repubblica marinara tollerata dai Granduchi di Toscana. Siamo nel marzo del 1800. Per l'esattezza il 16. Il vice ammiraglio

Lord Keith mette piede sulle banchine del porto assieme al suo stato maggiore e qui si insedia. Ordina al comandate della Queen Charlotte, il capitano Todd, di mollare gli ormeggi, di puntare la prua sull'isola di "Cabrera, thirty mile from Leghorn" – Capraia, 30 miglia da Livorno -, per una missione di "riconoscimento". I testi usano questo termine ma in effetti si trattava ben di altro. Gli inglesi avevano intenzione di sbarcare a Capraia e far sventolare dall'alto del Castello la bandiera di Sua Maestà la regina Carlotta. Contrariamente a quanto si pensa l'isola non apparteneva al Granducato della Toscana ma alla Signoria dei Doria di Genova che, nel frattempo, assieme a tutta la Liguria, era diventata dipartimento francese. Alle quattro della mattina del 17 il possente tre alberi era in navigazione verso l'isola, si legge nel rapporto dell'ufficiale. Gli uomini stavano lavando la coperta, alcuni di loro portarono sottocoperta i foconi (sorta di bacili con braci accese che venivano usati per accendere le micce dei cannoni) riponendoli nei pressi del deposito delle micce.

Due ore dopo, quando li andarono a riprendere per riportarli in coperta, perché sarebbero stati usati per accendere i segnali, si accorsero che avevano appiccato il fuoco ad alcuni rotoli di micce. Le fiamme si stavano propagando rapidamente. Fu dato l'allarme. Il carpentiere di bordo, John Braid, rammenta nella sua testimonianza che erano passati venti minuti dopo le sei e si stava finendo di vestire per salire in coperta. I secchi con l'acqua furono celermente passati di mano per essere gettati sulle fiamme che non si spensero ma presero più vigore.

Prese fuoco ma anche parte del cordame e delle vele riposte nello stesso gavone. Le cime impeciate divennero roghi. Tutto accadeva a prua della grande nave. Gli ufficiali si diedero da fare con tutti gli uomini che liberi dal servizio si erano radunati per dare una mano. Erano oltre cinquecento guidati dal comandante Todd che dall'alto del castello di poppa cercava disperatamente di salvare la sua nave. Il fuoco prese il sopravvento a prua, si propagò rapidamente nel reparto vele, si spostò nei locali più bassi. Il fumo oscurava la visibilità, l'odore intenso di bruciato teneva lontano gli uomini: nessuno era in grado di scendere sotto coperta. Ci fu un attimo di panico, l'equipaggio impaurito cominciò a sbandare, gli ufficiali gridavano ordini che non erano eseguiti. Il capitano Todd con il tenente Bainbridge, il suo aiutante, stava diritto e fermo con le mani aggrappate alla balaustra istoriata del ponte di comando. Riportò la situazione sotto controllo con ordini secchi quindi con la massima calma scese in coperta e si avvicinò agli uomini. Il fuoco ora usciva dal boccaporto principale, si avventò sull'albero di maestra avvolgendolo e iniziando a bruciare le vele.

Un dipinto del naufragio della Queen Charlotte in cui
l'autore senza alcun panorama di sfondo

Sotto, nei dormitori, qualcuno non si era ancora accorto di quanto stava accadendo. La sentinella svegliò l'ultimo marinaio dal sonno più duro, il tenente G.H.L. Dundas. Questi infilati i mutandoni tentò di uscire dalla sua cabina ma fu respinto dall'acre odore del fumo che avanzava. Riuscì ad uscire in coperta attraverso un altro boccaporto. Rendendosi conto della grave situazione accolse la proposta del falegname di chiudere tutti i boccaporti dei ponti sottostanti in modo da evitare che il fuoco si propagasse sul ponte distruggendo alberi e vele. Dundas raccolse 70 volontari e si spinse nel primo ponte sotto coperta.

Tutte le amache dei marinai per fortuna non c'erano più e gli uomini cercarono di chiudere tutti i boccaporti coprendoli con stracci bagnati per evitare che il fuoco si propagasse nel locale. Ma il tutto durò poco. Le fiamme bruciarono le pareti e passarono rapidamente verso la poppa della nave. Nel frattempo, a prua 250 uomini gettavano acqua sul fuoco che continuava ad ardere violentemente. La lotta contro l'incendio andò avanti per quattro lunghe estenuanti ore, poi malgrado gli sforzi tutti si resero conto che la nave stava per essere completamente distrutta.

C'era il terrore che esplodesse la santa barbara. Vi fu un attimo di speranza quando gli uomini videro vele navigare verso di loro provenendo da Livorno. Le navi si avvicinarono ma gli equipaggi terrorizzati dalla possibile esplosione si rifiutarono di avvicinarsi. Gli uomini della Queen Charlotte per tre volte gridarono ad alta voce il loro "hurra!" ma nessuno si mosse.

Lord Keith, presso il suo comando di Livorno, informato della disavventura della sua bella nave cercò invano di mobilitare i toscani per un salvataggio ma ebbe risposte evasive che lasciarono passare altre ore preziose. Nel frattempo, sul luogo del disastro, una barca americana si avvicinò alla Charlotte. I tre gli uomini d'equipaggio cercarono di salvare quanti più potevano. Il fuoco lambì il ponte e le vele. In una attimo l'imbarcazione prese fuoco, si capovolse e scomparve con i tre coraggiosi. Il fuoco aveva avuto ragione di tutto. Gli uomini si lanciavano in acqua sperando nella salvezza ma annegavano uno dietro l'altro. Alle dieci del mattino un gruppo di piccole navi inglesi al comando del tenente Steward si avvicinò per i soccorsi. Con una modesta tartana raccolse i sopravissuti e dopo un'ora dal suo arrivo i resti della magnifica nave scomparvero definitivamente dalla superficie del mare. Alle undici della sera il tenente Steward sbarcò a Livorno 30 marinai inglesi, seguita poco dopo da cinque tartane con 92 naufraghi. Il giorno dopo altre imbarcazioni raggiunsero Livorno alla spicciolata. I sopravissuti, come riporta il console britannico Udney a Livorno, furono 197 dei 837 uomini imbarcati.

Capraia nel sole di marzo si distingueva perfettamente ad una dozzina di miglia stagliata nitidamente contro un cielo azzurro. Immaginavo che dalla Torre della Teglia avrebbero potuto vedere l'avvicinarsi della nave da tempo. Dai merli del Castello era già risuonato l'allarme, il popolino, com'era solito fare, se l'era già squagliata nelle valli interne, su verso il Piano, cercando rifugio ad sbarco imminente. Poi forse osservarono un filo di fumo sempre più denso avvolgere gli alberi e le vele della nave. E tutti si tranquillizzarono. Quelli, chiunque fossero stati, non sarebbero arrivati a mettere piede sull'isola.

C'è un dipinto della tragedia presso il National Marittime Museum di Greenwich, Londra. La didascalia dice: la HMS Speedy nei pressi del relitto della Queen Charlotte il 21 marzo 1800 a Livorno (The Burning of the Queen Charlotte of 110 Guns Lord Keith's flagship off the Harbour of Leghorn, in the Mediterranean, March 17, 1800 - Repro ID PU6035 © National Maritime Museum). Osservando attentamente il dipinto sullo sfondo dei naufraghi assistiti dalla tartana Speedy si vede nettamente il profilo dell'isola di Carraia. Inconfondibile come quando la si vede dal traghetto in arrivo. Una decina di miglia come racconta la testimonianza. Il ritrattista forse ha assistito alla drammatica scena oppure se l'è immaginata dalla descrizione dei sopravvissuti ma l'isola senz'altro deve averla osservata perché la precisione del disegno è simile ad una fotografia. Non c'era che da cercare il relitto. La viceammiraglia di Nelson affondata in quelle acque avrebbe portato un'ulteriore popolarità alla piccola isola. Non sarebbe stato molto difficile localizzarla in fin dei conti centodieci cannoni di grosso calibro erano un punto facilmente localizzabile con un side scan sonar. Non eravamo i soli ad avere il sogno di individuare quel prezioso relitto. Prezioso non per il contenuto ma per la storia.

La Queen Charlotte ha una storia curiosa come tutte le navi. Battezzata con il nome della regina che regnava a cavallo di quegli anni portava a prua una enorme polena che la raffigurava. Scolpita

Il dipinto presso il National Maritime Museum di Greenwich, Londra. La HMS Speedy nei pressi del relitto della Queen Charlotte. Sullo sfondo, molto riconoscibile, l'isola di Capraia

da un eminente artista fu sottoposta all'esame della regina stessa prima di essere posta a prua della possente nave da guerra. A metà degli anni 2000 a Londra andò all'asta il modello della polena in misura ridotta e il museo che si aggiudicò l'asta pagò la statuetta ben 50 mila sterline. Spulciando nei documenti d'archivio e nei quotidiani inglesi scoprimmo che quella nave proprio per la tragedia della perdita di un così altro numero di marinai era ancora tenuta in una certa considerazione tanto che statue della polena erano state erette in luoghi pubblici di varie cittadine inglesi. Come stavano muovendoci noi, anche altri ricercatori navigavano nell'area cercando di arrivare per primi ad individuare la tomba della Queen Charlotte. Come sempre fu una casualità a cambiare le carte in tavola. L'incontro con uno dei più importanti ricercatori di relitti. Da anni era sulle tracce di quel relitto che giudicava solo di grande interesse storico. Si giocava anche lui la carta della pubblicità indiretta. Gli accennai di quel relitto, mi rispose di avere tutto il possibile. Anche il diario salvato dal marinaio, chiesi. Quello no, rispose.

Mandai per e-mail quel documento ma lui aveva già mollato gli ormeggi diretto all'isola. Era piena estate quando il mare è limpido, calmo e spira solo la brezza. Non lesse quanto avevo trovato. Seppi attraverso il solito giro di ben informati che a dieci miglia dall'isola aveva avuto un incidente che lo costrinse a tornare alla base. Dispiaciuto per l'accaduto pensai di avere un'altra possibilità affinché quel relitto fosse localizzato. Riscrissi la mia "relazione" sulla base dell'ultimo documento trovato e sulla scorta di alcune deduzioni. A trarci in inganno il dipinto. Un altro, trovato successivamente, non mostra l'isola. Rileggendo attentamente scoprii che l'ammiraglio inglese rimasto a Livorno chiese aiuto insistentemente alle autorità portuali per i soccorsi. Costoro, non dissero né sì né no, solo che sarebbe stato l'autorità massima a Firenze a dare la concessione. Ma chi aveva informato, e come, l'ammiraglio di quanto stava accadendo in mare? C'è un passo che dice "l'ammiraglio osserva la sua

HMS Queen Charlotte
Classe: Umpire 1° Rate
Misure : 57,9m x 15,9m x 6,8m
Stazza: 2,279 ton
Costruzione: legno
Propulsione: vela
Armamento: 30 cannoni da 32 pounder- 28 da 24 pdr – 30 da 18 pdr - 12 da 12 pdr-
Progettista: Edward Hunt
Cantiere: Chatman Dockyard, UK, 1790
Naufragio: 17 marzo 1800

bella nave bruciare". Il comandante inglese dall'alto dei bastioni della fortezza livornese poteva osservare il fumo. E immaginava la catastrofe. A che distanza poteva essere il rogo? Se non si vedono i pennoni siamo oltre la distanza della curvatura terrestre, circa sei miglia. Da quella distanza nessuna barca a remi sarebbe potuta tornare per chiedere aiuto considerando il tempo intercorso. Che distanza aveva potuto percorrere la Queen Charlotte dal momento che salpa a quando l'albero maestro prende fuoco? E il fumo che sale al cielo indica la tragedia. Poche miglia, una decina forse, rammentando

Un dipinto che illustra la Queen Charlotte all'ancora. Si può notare quanto sia molto più possente delle altre navi da guerra che la circondano

che una simile nave anche con tutte le vele spiegate avrebbe potuto navigare a quattro cinque nodi. Considerando che l'ammiraglio inglese chiede aiuto alle autorità portuali di Livorno, che la prima tartana inglese arriva nel punto del naufrago attorno alla dieci, la Queen Charlotte aveva percorso ben poca distanza e la soluzione dell'enigma fu presto trovata. "Alle sei della mattina, il 17 marzo 1800, la Queen Charlotte, in navigazione tra la Gorgona e Livorno, prese fuoco [...] ad una distanza 4 leghe ...]" Ventidue chilometri (una lega inglese è pari a 3 miglia nautiche – 5,556 chilometri).

L'informazione proveniva da un terzo testo conservato presso l'Università di Cambridge. La Queen Charlotte era sulla rotta classica del traghetto odierno quando dirige prima sulla Gorgona poi su Capraia. Forse doveva prima conquistare l'una e poi l'altra.

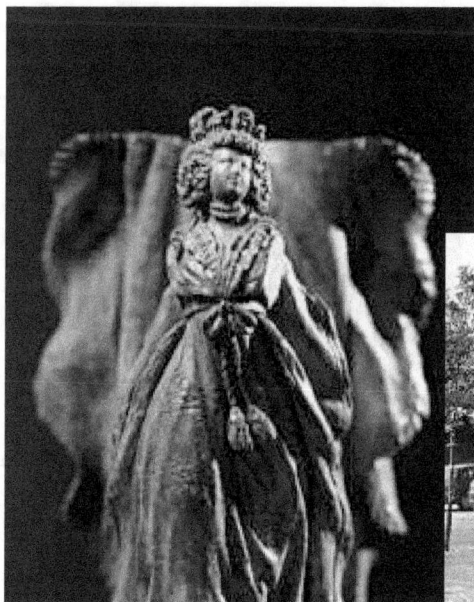

Modello della polena raffigurante la regina Carlotta ritrovata negli anni duemila in un garage.Battuta all'asta per 50 mila sterline nel 2005

A fianco statua della polena in un giardino pubblico inglese eretta nel 2007

Appendice

Le vicende raccontate coprono un periodo di vari anni compresi nel decennio del 1980 quando il Capraia Diving ideato da Umberto Pepoli iniziava la propria attività precursore dei centri subacquei che poi sono sorti ovunque. Come testimoniato dalla lettera firmata dall'architetto Angelo Boccanera, anche se non in dettaglio, ogni oggetto, piccolo o grande che fosse, fu consegnato a colui che svolgeva una funzione onoraria nell'ambito della protezione dei beni sottomarini. Funzione che gli fu riconosciuta solo dopo la sua scomparsa dalle poche righe pubblicate su un bollettino archeologico di cui si è persa memoria. Furono quegli anni un periodo intenso di immersioni, scoperte, innovazioni e grande divertimento dentro e fuori l'acqua. Ricordo quindi con piacere Angelo Boccanera da cui ho appreso molte informazioni sull'archeolgia; Umberto Pepoli con cui tutti in quel periodo abbiamo passato giorni esileranti, divertentissimi, anche un po' folli; Sandro Pettarin inesauribie entusiasta e compagno di immersioni; Franco Di Meglio, toscano con radici ponzesi, marinaio prima e poi sub; e tutta la schiera di sub che in quegli anni passarono sull'isola. Un particolare ringrazioamento a Jo' che ha letto e corretto le brevi storie.

Capraia Isola 2 gennaio 1988

Il Capraia Diving Club con sede in Capraia Isola in
via dell'Assunta 3 durante lo svolgimento dell'attivita'
sociale gli appartenenti al Club hanno ritrovato e successi
vamente recuperato materiale archeologico che poteva essere
altrimenti trafugato.
Tutto il suddetto materiale e' stato consegnato all'
architetto Boccanera ispettore onorario per l'archeologia
dell'isola di Capraia da parte della Sovraintendenza
Archeologica della Toscana.
I ritrovamenti piu' importanti reperiti nel settembre 1987
sono stati:
-una macina di diametro 140 cm rinvenuta in localita'
Torletto
-due ancore litiche ritrovate alla Secca del Fanale
-un'ancora litica ritrovata alla Secca della Formiche
-un ceppo di ancora in piombo recuperata a meno 52 metri
alla Secca del Fanale
Numerosi reperti ceramici di varie epoche dal tipo aretino
al medioevale sono stati individuati e recuperati nella
rada del porto e nel porto stesso.

In fede
presidente del Capraia Diving Club

per ricevuta a deposito del materiale descritto

architetto Angelo Boccanera

Lettera rilasciata dall'architetto Boccanera, sovrintendente onoraio di Capraia, rilasciata al Capraia Diving che dichiara come i materiali ritrovati siano stati consegnati

Stralcio di un bollettino archeologico. Purtroppo l'architetto non ha mai rivelato tutte le presenze archeologiche dell'isola

[1]) È merito dell'arch. A. Boccanera, l'aver richiamato l'attenzione del mondo scientifico e delle istituzioni preposte alla tutela del patrimonio archeologico sull'imminenza e la gravità dei rischi legati ai progetti di speculazione edilizia nella piana del Porto e, quindi, sulla urgente necessità di un intervento. Le indagini sono state dirette dalla scrivente con la collaborazione di G. Traina che ha eseguito una ricognizione dell'isola preliminare ai lavori di scavo: cfr. G. TRAINA, Per una carta archeologica dell'isola di Capraia, in AA.VV., Il sistema museale dell'Arcipelago Toscano, *RivItStNap* 1985, suppl. Le prime campagne di ricerca sono state condotte da G. Bejor e M. Paoletti: cfr. G. BEJOR, M. PAOLETTI, Indagine sugli insediamenti di età romana imperiale nel comprensorio, *ibidem*. Dal 1986 F. Cambi, dell'Università di Siena, cura la prosecuzione delle indagini stratigrafiche e il rilievo delle strutture; dalle loro relazioni sono tratte le considerazioni relative alle testimonianze archeologiche del Porto ed alla loro cronologia.

Cronologia a grandi passi

La leggenda
Venere esce dalle acque suscitando un "tal vento d'amore che il fremito ancora ne perdura". Aveva al collo una collana di gemme: la collana si ruppe e le gemme si trasformarono in isole. Capraia fu una di quelle. Il naturalista Pini asserisce che l'isola nacque da un solo vulcano la cui bocca è sita ove attualmente c'è lo Stagnone.

La storia
Dal 2660 al 600 a.C. circa oltre ai Tirreni, si avvicendarono nelle isole i Pelagi, gli Umbri, gli Etruschi, i Greci. Erodoto lo racconta nelle sue "Storie".
Luni controlla e protegge il Tirreno
I greci invadano il Tirreno. Chiamano Aeithalia l'Elba, Aegilion il Giglio e Aegilon la Capraia. Il termine Capraia potrebbe provenire dal toponimo Karpa che significa roccia.
540 a.C - I greci sono battuti ad Alalia da Etruschi e Cartaginesi. Gli etruschi si prendono la Corsica e le isole; i Cartaginesi la Sardegna.

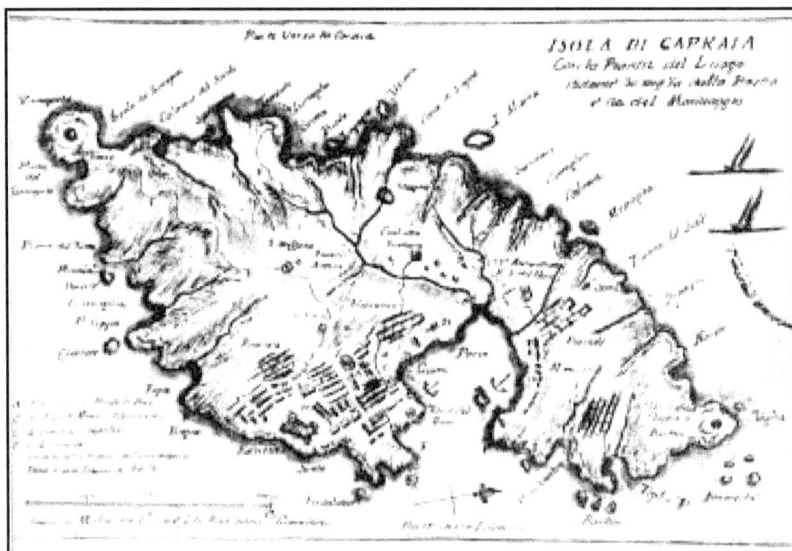

Mappa dell'isola di Capraia - archivio di Stato di Genova (XVI sec)

474 a.C - Gli etruschi combattono con i siracusani e perdono il dominio del Tirreno.

219-202 a.c. - Seconda guerra punica - Roma conquista a Cartagine, Sardegna, Corsica, Elba, Pianosa, Giglio, Giannutri, Capraia.

174 a.C - Capraia diventa parte del dominio romano dopo la conquista definitiva di Serrano Attilio della Corsica.

67 a.c. - Gneo Pompeo con 200 navi ed 80.000 uomini ripulisce da pirati e barbari tutto il Mediterraneo che diventa così il *"Mare Nostrum"*. Capraia diventa scalo e porto sicuro sulla rotta verso la Spagna.

235 d.C. - Diocleziano scatena la persecuzione. I primi monaci abitano l'isola

416 d.C. - Rutilio Numanziano, poeta, visita e descrive la Capraia abitata dagli uomini che rifuggono la luce.

La vittoria in una battaglia navale svoltasi proprio nelle acque dell'Arcipelago Toscano nell'874 permise a Pisa di avere in affidamento la difesa di queste isole; tale concessione divenne vera e propria sovranità pochi anni dopo il 1000; dal 1034 la Sardegna e la Corsica fecero parte integrante del territorio della Repubblica pisana.

803 - i monaci abbandonano definitivamente l'isola che viene occupata dai Saraceni. Leone III attesta che Capraia si trova in mano cristiana

962 - Ottone I° concede a Pisa l'isola

1114 - i pisani fanno della Capraia la loro base

1193 - Enrico IV conferma il possesso pisano della Capraia

1209 - Ottone IV conferma la sovranità pisana sull'isola

1220 - Federico II conferma a Pisa la sovranità dell'isola

1242 - Papa Innocenzo IV sosta all'isola con l'intera flotta

1283 - l'isola è conquistata dai genovesi

1430 – il signore genovese Simone De Mari occupa Capraia annettendola alle sue proprietà. L'isola rimase un possedimento dei De Mari per più di settant'anni, fino al 1507, quando dopo una rivolta degli abitanti, sottoposti ad onerose gabelle, passa sotto il governo della Repubblica di Genova.

1507 - Capraia passa sotto il dominio del Banco di S.Giorgio di Genova

1512 - Turchi e Còrsi si danno battaglia allo Zenobito

1516 - lavori di ampliamento della fortezza - costruzione delle due torri: quella del porto o detta della Grotta; quella dello Zenobito

1540 - la flotta di Dragut Rais saccheggia le isole toscane e conduce con sé 2000 prigionieri, molti dei quali di Capraia

1623 - ampliamento del Castello di S.Giorgio

1652, 30 giugno - Capraia è ceduta dal Banco San Giorgio alla Repubblica Genovese

1767, febbraio - Pasquale Paoli ordina la conquista dell'isola di Capraia, dando il comando dell'impresa ad Achille Muratti. Questi con duecento uomini e due cannoni sbarca nell'isola, penetra nel capoluogo e costrinse Bernardo Ottone, che comandava il presidio genovese, a chiudersi nel castello e quindi a capitolare prima che giungessero aiuti da Genova.

1768 - Trattato di Versailles, Capraia passa sotto il dominio della Francia. Le condizioni prevedono che la Francia la restituirà a Genova entro il 1771.

1771, 12 novembre - Il maggiore Massari sbarca sull'isola. Capraia torna sotto il dominio di Genova. La cerimonia si svolge nella Fortezza con la presenza del capitano francese Leglise.

1790 - La popolazione dell'isola è di 1800 abitanti

1796, ottobre - la flotta inglese di Nelson occupa la Capraia

1802, 11 settembre - il Piemonte è annesso alla Francia. Fine della Repubblica Cisalpina. Con il trattato di Parigi il 30 maggio 1814 fu ripristinato il potere dei Savoia. Il 4 gennaio 1815 con il congresso di Vienna al regno furono annesse Genova e la Liguria.

1814, 30 maggio - Restaurazione del Regno di Sardegna

Vista della rada del porto con il traghetto (metà anni '80)

1815, 4 gennaio – Congresso di Vienna: Regno Sardo sono annesse Genova e la Liguria. Capraia torna al Regno di Sardegna - riparazione delle due torri difensive

1827- la popolazione è scesa a 450 unità

1841, 21 marzo - Prima guerra d'indipendenza- Carlo Alberto è sconfitto. Manin a Venezia proclama la repubblica; Francesco Guerrazzi si nomina governatore della Toscana; il Papa fugge a Gaeta.

1851 - gli inglesi chiedono di stabilire un deposito di carbone sull'isola. Massimo D'Azeglio, presidente del governo, sulla scorta di quanto avvenuto a Malta, nega la possibilità.

1851 - Giuseppe ed Antonio Austini, capraiesi, tornano dalla terra Santa con tre pregevoli croci che donano alle chiese di S. Nicola, della Madonna del Porto, di S. Antonio.

1853 - frana la grotta dove era eretto il castello di San Giorgio. Il boato fu udito a Livorno.

1861, 14 marzo - Proclamazione del Regno d'Italia

1861- soppressione del sigarificio al Palazzone- i sigari si chiamavano Capraia

1863, 13 maggio - Il piroscafo Mozambano * getta le ancore in rada. A bordo l'arcivescovo

1863 - Varata la legge sul brigantaggio- Pianosa è colonia penale agricola dal

1857 - A Capraia sono inviati 400 briganti e lasciati liberi sull'isola

1868, 6 dicembre - per Regio Decreto Capraia non è più porto franco

1873, 1 agosto - Istituzione della Colonia Penale agricola

1884, febbraio - Alete Cionini sbarca sull'isola. Compila la prima storia dell'isola che sarà data alle stampe nel 1891

1916, 14 agosto - un sommergibile austriaco affonda nelle acque dell'isola 24 velieri da trasporto di cui 14 nelle acque del porto

1924 - ruderi della chiesa di Santo Stefano ed il Castello di San Giorgio sono dichiarati monumento nazionale

1925 - Giuseppe Della Rosa, pescatore locale, produce la luce elettrica per l'isola e costruisce un frigorifero per il pescato

1926 - Capraia passa dalla provincia di Genova a quella di Livorno

1927 - arriva sull'isola Giuseppe Moioli. Acquista dall'ingegnere Adriano Cuneo il castello di S. Giorgio ed inizia i lavori di restauro. Prima diventa una galleria d'arte poi Colonia Marina per i figli degli italiani all'estero. Moioli apre anche l'albergo Milano

1928, 19 novembre - Capraia per Regio Decreto può avere un proprio stemma civico

1928 - terminati i lavori per l'acquedotto e per i lavatoi ad opera del Moioli.
Arrivano i primi bambini per la Colonia
1933 - il Comune attraverso il suo Podestà chiede al Regio Governo che il
paese sia chiamato San Giorgio per una ragione storica e pratica
1939, 10 marzo - La strada che conduce al porto dal paese è intitolata a
Guglielmo Marconi
1943 - naufragio nave trasporto Crispi con 800 granatieri affonda nei pressi
dell'isola: la scena è vista dal Semaforo. Il parroco raccoglie alcuni caduti e
cassette di viveri
1986 - Chiusura della Colonia Penale Agricola

* La nave a vapore Mozambano divenuta di bandiera borbonica è la stessa che
affondò nel 1841 il Polluce genovese nei pressi di Porto Azzurro. La vicenda
è raccontata ne L'Oro del Polluce, Enrico Cappelletti – Gianluca Mirto, Ed
Magenes- Milano

CAPRAIA ISOLA

Capraia Isola

L'isola di Capraia, ed in modo particolare il suo mare, è un museo a cielo aperto. Su questo scoglio vulcanico hanno approdato greci ed etruschi, romani e barbari, genovesi e pisani, corsi, francesi ed inglesi, lasciando dietro si se frammenti della loro presenza. Andando sott'acqua, osservando con un poco di attenzione si scoprono modesti, piccoli dettagli di questo multietnico passaggio nascosto tra le alghe e la sabbia. L'autore racconta aneddoti di ritrovamenti talvolta improbabili, leggende che spesso si tramutano in realtà.

ISBN 978-1-4461-5551-6

90000

9 781446 155516

Capraia Isola   Storie Leggende Racconti di mare   Enrico Cappelletti

Capraia
Isola

Enrico Cappelletti

Storie
Leggende
Racconti
di mare

www.ingramcontent.com/pod-product-compliance
Lightning Source LLC
LaVergne TN
LVHW051637080426
835511LV00016B/2365